AF500075

LE R. P. JULIEN MAUNOIR

A SA GRANDEUR

MONSEIGNEUR GODEFROY SAINT-MARC

ARCHEVÊQUE DE RENNES

HOMMAGE DU PROFOND RESPECT ET DE L'AFFECTION VIVE

ET RECONNAISSANTE DE L'AUTEUR.

Nous déclarons, pour nous conformer aux décrets d'Urbain VIII, concernant la canonisation des saints et la béatification des bienheureux, que nous ne prétendons donner à aucun des faits ou des mots contenus dans cet ouvrage, plus d'autorité que ne lui en donne ou en donnera l'Église catholique, à laquelle nous nous faisons gloire d'être humblement et tendrement soumis.

[illegible]

de la compagnie de Jésus

LE R. P.

JULIEN MAUNOIR

DE LA COMPAGNIE DE JÉSUS

APOTRE DE LA BRETAGNE AU XVIIe SIÈCLE

PAR EDM.-M. P. DU V.

AVOCAT A LA COUR IMPÉRIALE DE RENNES

Ouvrage approuvé par NN. SS. de Rennes, Saint-Brieuc, Quimper, Vannes et Nantes.

Le plus grand contentement de Dieu,
et son plus grand amour.
(Devise du P. Maunoir.)

PARIS
JOSEPH ALBANEL
Rue de Tournon, 15.

NANTES
V. FOREST ET E. GRIMAUD
Place du Commerce, 4.

1869

APPROBATIONS

ARCHEVÊCHÉ DE RENNES.

Rennes, 15 avril 1869.

Nous avons lu avec un vif intérêt la *Vie du R. P. Maunoir,* de la Société de Jésus, par M. Edm.-M. P. du V., avocat à la Cour impériale de Rennes. Nous la recommandons d'une manière toute particulière aux fidèles de notre diocèse, convaincu que nous sommes qu'elle ne peut que leur être utile et agréable.

✝ GODEFROY,

Archevêque de Rennes.

ÉVÊCHÉ DE SAINT-BRIEUC ET TRÉGUIER.

Saint-Brieuc, 16 mai 1869.

Monsieur,

Je verrai avec plaisir votre petit livre se répandre dans mon diocèse. Les traces du P. Maunoir y sont nombreuses et profondes. Il est encore vivant dans le récit des vieillards et dans l'admiration des jeunes gens : sa tombe est une des gloires et une des bénédictions de mon diocèse.

Votre petit livre est écrit avec talent et piété. Il reproduit avec bonheur cette touchante figure du saint missionnaire de nos campagnes, une des âmes qui ont le plus aimé Dieu et la Bretagne.

Agréez, Monsieur, mes meilleurs sentiments.

† AUGUSTIN,

Évêque de Saint-Brieuc et Tréguier.

ÉVÊCHÉ DE VANNES.

Vannes, le 21 mai 1869.

Messieurs,

Je désire vivement que mon humble suffrage puisse contribuer au succès de l'opuscule dans lequel M. P. a rendu hommage à la mémoire du R. P. Maunoir. Les prêtres aussi bien que les fidèles liront avec intérêt et profit la vie édifiante d'un vrai serviteur de Dieu, qui a passé en Bretagne *en faisant le bien.* Il ne dépendra pas de moi que cette publication, très-opportune, n'ait de l'écho dans mon diocèse. Puisse celui qui en est l'objet m'obtenir de Dieu le zèle apostolique qui le conduisit à de si nobles conquêtes !

Veuillez, Messieurs, agréer l'expression des sentiments respectueux avec lesquels j'ai l'honneur d'être

Votre très-humble serviteur,

† JEAN-MARIE,

Évêque de Vannes.

A Messieurs Vincent Forest et Émile Grimaud.

ÉVÊCHÉ DE QUIMPER ET LÉON.

Brest, 9 mai 1869.

Monsieur,

Vous avez bien voulu m'adresser votre Vie populaire du P. Maunoir; je l'ai lue avec plaisir et je l'approuve très-volontiers. Mon diocèse est plein de souvenirs qui se rattachent à ce grand missionnaire, et le bien qu'il a opéré subsiste encore, malgré les années qui se sont écoulées. Nous vous devons donc des remerciements et des félicitations: votre livre est pieux et intéressant; outre cela, il a le mérite de venir en temps opportun.

Recevez toute ma gratitude, ainsi que les sentiments dévoués avec lesquels je suis, Monsieur,

Votre très-humble serviteur,

✝ RENÉ,
Évêque de Quimper et Léon.

P. S. — Vous avez si bien réussi pour le P. Maunoir qu'on vous demandera d'en faire autant pour dom Michel Le Nobletz.

ÉVÊCHÉ DE NANTES.

Nantes, le 21 mai 1869.

Je m'associe aux approbations et aux éloges que mes vénérables collègues ont donnés à la petite Vie du R. P. Julien Maunoir, de la Société de Jésus.

✝ ALEXANDRE,
Évêque de Nantes.

LE R. P. JULIEN MAUNOIR

APOTRE DE LA BRETAGNE

AU XVIIe SIÈCLE

I

Naissance de Julien Maunoir. — État de la France et de la Bretagne à cette époque.

Julien Maunoir naquit le 1er octobre 1616, au bourg de Saint-Georges-de-Raintambaut, dans le diocèse de Rennes. C'était une triste époque que celle où le futur apôtre de la Bretagne vit le jour. Tout le monde civilisé était, depuis quatre-vingts ans, en proie à des maux effroyables; guerres civiles et étrangères, dévastations, incendies, égorgements, profanations sacrilèges, tels étaient les fruits de l'apostasie de Luther, Calvin, Henri VIII et autres prétendus réformateurs. L'ignorance et l'immoralité, furent les suites naturelles de tant de calamités causées par les guerres de religion. On peut dire sans crainte d'être réfuté que le protestantisme a fait reculer la civilisation chrétienne de plusieurs siècles, et qu'il est le père du désordre qui actuellement menace de catastrophes effroyables la religion et la société.

Pour ne parler que de la France et surtout de la Bretagne, à la suite des guerres de religion, et notamment de la Ligue, ces malheureux pays présentaient le plus triste aspect aux points de vue matériel, moral et religieux. La violence régnait partout, l'instruction manquait absolument à la jeunesse, le premier élément de l'éducation, l'exemple, ne pouvait enseigner que des habitudes violentes et grossières. En Bretagne surtout, l'ivrognerie dominait dans toutes les classes de la société, et ouvrait la porte à tous les vices. Le clergé lui-même avait grand besoin de réforme sous le rapport de l'instruction et du zèle.

Comment n'être pas frappé du changement heureux qui s'opéra en France et en Bretagne vers le milieu du XVIIe siècle? Qui ne remarquerait la coïncidence de cette amélioration étonnante avec la consécration de la France à la sainte Vierge par son pieux roi Louis XIII (1637)?

Pour nous il nous est impossible de ne pas attribuer à la protection de la glorieuse patronne de notre patrie cette subite floraison de saints et vaillants ouvriers qui vinrent renouveler en France et en Bretagne la foi, la piété et les merveilles des temps apostoliques. Cette conviction nous soutient et nous console au milieu des misères, des lâchetés, des défaillances et des impiétés de nos jours d'épreuve. Oui, nous espérons contre toute espérance, ô toute puissante Mère de Dieu, Vierge immaculée, chargée par Notre-Seigneur d'anéantir toutes les erreurs et les hérésies ! De même que vous avez si merveilleusement changé, au XVIIe siècle, la France par les Vincent-de-Paul, les Pierre Fourrier, les François Regis, etc..., et la Bretagne par les Huby, les Kerlivio, les Bernard, les Le Nobletz et surtout par le P. Maunoir, de même, Vierge immaculée, vous allez encore sauver le monde plus malade que jamais. Ce ne sera pas en vain que ce siècle-ci est appelé le siècle de Marie !

Le P. Maunoir, dont nous écrivons une vie abrégée d'après celles des PP. Boschet et Le Roux, a brillé par des vertus si éclatantes de sainteté, et a semé les miracles sur son chemin avec une profusion telle qu'on se demande comment il peut se faire que ce grand serviteur de Dieu n'a pas encore été canonisé. Consolez-vous, pieux lecteur. Notre grand et saint Pontife Pie IX fait procéder au procès de béatification du grand apôtre de la Bretagne. La cause suit un cours rapide et consolant. Mais nous pouvons hâter par nos prières son heureuse issue. N'oublions pas non plus que nous nous trouvons au moment le plus favorable pour obtenir avec abondance toutes sortes de grâces et de faveurs de ce grand ami de Dieu et de la sainte Vierge. Celui qui, malgré son indignité, a l'honneur d'apporter cette humble pierre au monument destiné à glorifier Dieu dans ses saints, vous demande, cher lecteur, l'aumône d'une prière.

II

Enfance de Maunoir. — Sa piété et son zèle précoce. — Son éducation.

Le père et la mère de Julien Maunoir avaient beaucoup de piété, et tant de charité pour les pauvres qu'ils partageaient avec eux le produit de leur petit commerce. Ils consacrèrent à Dieu l'enfant dès sa naissance.

Dieu sembla agréer ce sacrifice ; en effet, M. Le Nobletz, ce saint prêtre qui avait déjà commencé avec tant de succès l'œuvre de la conversion des Bas-Bretons, M. Le Nobletz, qui était alors à plus de cinquante lieues de Saint-Georges-de-Raintambaut, eut la révélation que Dieu venait enfin d'exaucer ses instantes prières, et de faire naître à Saint-Georges un enfant qui continuerait son œuvre, et ce saint homme fit aussitôt part à ses disciples de cette heureuse nouvelle.

Plusieurs fois encore par la suite, cet homme inspiré parla prophétiquement de ce grand apôtre qui devait renouveler la face de la Bretagne. Ainsi prêchant un jour à Douarnenez, M. Le Nobletz s'arrêta tout à coup au milieu de son discours, et s'écria d'un ton inspiré : « Remercions Dieu de ce qu'il m'a donné un successeur ! Il a sept ans, il est du diocèse de Rennes, et sera jésuite. »

Le jeune Maunoir montra dès sa plus tendre enfance un goût pour la piété et un zèle vraiment extraordinaires. Ses jeux d'enfant étaient d'assembler ses compagnons et de les conduire en procession à l'église; et là, montant en chaire, il leur faisait réciter le *Pater*, l'*Ave* et le *Credo*. Il passait en prières devant le Tabernacle le temps de ses récréations, plongé dans un recueillement qui faisait l'étonnement général. Un prêtre de la paroisse, frappé de la piété si précoce de l'enfant, le prit en affection et lui enseigna les premiers éléments de la langue latine.

On l'envoya continuer ses études au collége des Jésuites, à Rennes. Là, il ne se distingua pas moins par sa piété que par ses succès dans ses études, au point que ses maîtres le proposaient pour modèle à ses condisciples. Sa dévotion envers la Mère de Dieu était tendre et profonde; aussi, dès qu'il fut d'âge à faire partie de la Congrégation de la T.-S. V., il s'empressa de s'enrôler dans cette Association, composée des élèves les plus édifiants et qui faisaient profession de servir la Mère de Dieu d'une manière toute particulière.

Le jeune congréganiste croissait rapidement dans toutes les vertus, surtout en humilité, en douceur et en modestie. Sa pudeur était si délicate qu'une parole tant soit peu immodeste le faisait rougir. Lorsqu'il priait, c'était avec une dévotion qui en donnait aux autres; il avait déjà tant d'amour pour Dieu et de zèle pour sa gloire, que quand il entendait blasphémer son nom trois fois saint, il se prenait à pleurer; dans son ardente charité pour les pauvres, il voyait en eux N.-S. J.-C. souffrant dans ses membres, et leur donnait d'ordinaire la moitié de son déjeuner, et souvent même il jeûnait pour les nourrir.

Tant de vertus, une intelligence pénétrante, un travail assidu, le succès dans ses études, donnèrent au jeune Maunoir une espèce d'autorité parmi ses camarades. Il se trouva ainsi en position de pouvoir donner cours à ce zèle des âmes qui commençait à l'enflammer. Il s'attira la confiance de ses compagnons par une cordialité prévenante et douce; il gagnait à Dieu ceux qui s'attachaient à lui; puis, ceux-ci lui découvrant les dangers que couraient les autres, Maunoir s'appliquait à les en tirer.

Dieu bénit les premiers travaux de son jeune apôtre. Maunoir persuadait aux uns de brûler les mauvais livres, capables de corrompre les bonnes mœurs; aux autres de fuir les mauvaises compagnies, où l'on tendait des piéges à leur innocence; il prévenait ceux-ci contre l'intempérance, à laquelle la jeunesse de Bretagne était fort sujette; il modérait dans ceux-là la passion du jeu, dont il leur faisait envisager les suites fâcheuses, avec une prudence au-dessus de son âge. Ainsi Dieu préparait son jeune apôtre aux missions qu'il lui destinait plus tard.

Autant Maunoir s'ouvrait à son directeur avec une candeur et un abandon parfaits, autant était-il réservé avec tout autre, relativement aux choses de sa conscience. Par une grâce spéciale de Dieu, il avait trouvé un prêtre zélé et habile dans la conduite des âmes. Celui-ci, voyant l'attrait de son pénitent pour la prière, voulut lui apprendre à faire l'oraison mentale; mais il s'aperçut que Dieu avait été son premier maître, et que sur cet article il n'avait rien laissé à faire aux hommes.

Le directeur, ravi d'avoir à conduire une âme prévenue de tant de grâces et déjà si élevée, voulut pénétrer davantage dans son intérieur; il y trouva de grandes richesses, de grands dons, et il reconnut que cet enfant avait une union presque continuelle avec Dieu, qu'il relevait toutes ses actions par des motifs surnaturels, et que ses jours étaient déjà des jours pleins. Hélas! combien de personnes travaillent beaucoup! mais, n'animant point leurs actions d'un esprit de foi, font avec peine et sans fruit ce qu'elles pourraient faire avec joie et en gagnant des mérites éternels!

Ce fut en ce temps que le directeur de Maunoir, voyant ce qu'il faisait pour sanctifier ses camarades, voulut éprouver son zèle. Il l'entretint du succès avec lequel les Jésuites travaillaient à la conversion des infidèles de la Chine et de l'Amérique, et il ajouta que c'était grand dommage qu'il y eût si peu d'ouvriers pour une si grande moisson et que tant d'âmes périssent faute d'instruction. A ces paroles, Maunoir, animé d'une sainte ardeur, dit au Père : « Faites-moi Jésuite, et envoyez-moi au secours des infidèles! »

Le Père fut enchanté de ce zèle pour le salut des âmes; mais, on ne sait pour quelle raison, il laissa tomber alors la proposition de Maunoir et résista dans la suite aux instances pressantes de son pénitent, qui était persuadé que Dieu l'appelait à entrer dans la Compagnie de Jésus.

Maunoir ne se découragea point, et il recommanda sa vocation à la sainte Vierge avec une confiance filiale. Cette bonne Mère, qui n'a jamais abandonné aucun de ceux qui ont eu recours à sa protection, vint bientôt au secours de son pieux serviteur. Le R. P. Coton, de sainte et illustre mémoire, faisait alors la visite du collége de Rennes, comme provincial. Après s'être vivement recommandé à la sainte Vierge, Maunoir s'adressa directement au P. Coton, et lui demanda la faveur d'être admis dans la Compagnie de Jésus. Le P. Coton, accoutumé à connaître les âmes, par des lumières d'en haut, reçut Maunoir avec beaucoup de bonté, et sans autre information, il lui dit en l'embrassant qu'il pouvait se rendre à Paris, quand il lui plairait, au noviciat des Jésuites.

Cette bonne parole toucha Maunoir si vivement qu'il ne put remercier son bienfaiteur que par des larmes de reconnaissance et de joie. Il lui demanda sa bénédiction et alla aussitôt demander celle de son père et de sa mère. Il l'obtint, quoique avec plus de peine qu'on n'aurait dû l'attendre de parents aussi pieux; et partant promptement pour Paris, il arriva au noviciat avant qu'on y eût écrit qu'il était admis.

Lorsqu'il fut à la porte de cette sainte maison, il crut être à la porte du ciel, et en y entrant il sentit des délices intérieures qui étaient un gage et comme un avant-goût du paradis. Mais cette consolation fut aussitôt suivie d'une affliction sensible. On lui dit que son nom ne se trouvait point sur la liste de ceux qui devaient être admis au noviciat, et qu'il fallait qu'on différât son entrée jusqu'à ce qu'on eût des nouvelles du P. Coton.

Ce coup imprévu l'étonna, mais ne l'abattit point. Plein de confiance dans la providence paternelle de Dieu, il pria qu'on le conduisît à l'église du couvent. Là, prosterné devant le Saint-Sacrement, il demanda humblement à Notre-Seigneur, par l'intercession de saint Joseph, de ne pas permettre qu'on le fît sortir d'un lieu qui était pour lui la terre promise. Dieu permit que le jeune novice qui avait ouvert la porte à Maunoir remarquât sa piété et la manière édifiante dont il avait pris sa disgrâce. Il alla aussitôt en rendre compte à son supérieur et le pria de ne pas renvoyer un sujet que le ciel lui adressait et qui semblait si édifiant.

Dieu qui rend les langues des enfants éloquentes donna à ce novice le don de persuader son supérieur. Il garda Maunoir jusqu'à ce qu'on reçût la réponse du P. Coton. Cette réponse fut favorable, et l'heureux jeune homme commença son noviciat le 16 septembre 1626; il était âgé de dix-neuf ans.

III

Noviciat de Maunoir. — Sa ferveur. — Son amour de la croix.

Quand il se vit dans l'état du monde le plus conforme à son goût pour la retraite et pour la vie intérieure, il se regarda comme en un lieu de délices. La vue de ses frères qu'il considérait comme des anges dont Dieu seul faisait toute l'occupation, les exercices de piété pour lesquels il avait tant d'attrait, les sentiments intérieurs de dévotion auxquels il se plaisait, lui donnèrent des transports de joie qui l'obligeaient de remercier Dieu continuellement pour tant de grâces et de faveurs.

Au reste, la joie de ce fervent novice ne venait point de ces consolations sensibles, qui sont comme le lait des petits enfants que Dieu donne aux commençants pour leur faire aimer la vertu. Il y avait longtemps que Maunoir était nourri du pain des forts. C'était l'esprit de foi et son union presque continuelle avec Dieu qui le faisaient se porter avec une ferveur et une exactitude extrêmes à toutes les observances de la vie religieuse sans en négliger aucune, même les moindres.

Depuis plusieurs années il s'était habitué à faire toutes ses actions uniquement pour Dieu : « Ce bon père pense toujours à nous, pensons toujours à lui, autant que notre fragilité nous le permet. » Cette pensée de la présence de Dieu l'aida puissamment à acquérir non-seulement la perfection d'un novice, mais une haute vertu digne de l'émulation des plus anciens profès.

Il recevait d'en haut tant de lumières et de grâces qu'il ne pouvait les renfermer en lui-même. Il en laissait de temps en temps échapper quelque chose dans ses conversations. On a retrouvé après sa mort les règles de perfection qu'il s'était prescrites au noviciat. Elles s'étendent à toutes les actions de la vie et à tous les emplois d'un Jésuite, et sont si solides et si spirituelles qu'elles surpassent de beaucoup la portée d'un novice et qu'on ne peut s'empêcher de les regarder comme inspirées par le Saint-Esprit. Ces règles de perfection que Maunoir s'était tracées tombèrent par hasard entre les mains dn maître des novices, qui ne douta pas qu'une âme prévenue de si grandes grâces et si fidèle à y correspondre s'élèverait rapidement à une éminente vertu.

En effet, dès que Maunoir fut arrivé à La Flèche, où on l'envoya étudier la philosophie après le noviciat, s'il avança rapidement dans ses études, il fit de bien plus grands progrès dans la science des saints.

Mais ses succès ne lui enflaient point le cœur; au contraire, il en était plus humble et plus modeste, et réussissait à ne point donner de jalousie à ses compagnons de travail; il leur prouvait de toutes manières qu'il les croyait beaucoup au-dessus de lui ; il parlait d'eux avec estime, et les aimait comme ses frères.

A le voir le premier en tout, mais sans empressement, toujours également gai et modeste, vif et doux, complaisant et ferme, porté à l'étude et à la piété, parlant peu et toujours à propos, mais ne parlant jamais dans les temps de silence; attaché à tout ce qu'il faisait, et cependant toujours prêt à le quitter au besoin ; toujours l'esprit libre, jamais embarrassé, aimant à parler de Dieu, et n'en parlant que sobrement ; ouvert dans la conversation, mais avec prudence et sans trop s'épancher ; hors de là recueilli et même retiré, obéissant envers ses supérieurs, soumis à ses maîtres, respectueux envers tout le monde, sans aucune affectation ; à le voir pratiquer toutes les vertus avec tant de simplicité et d'aisance, on aurait pu croire qu'elles lui étaient naturelles. Mais les âmes intérieures voyaient bien qu'elles étaient le fruit d'une sainteté déjà fort avancée.

Dieu donnait de grandes lumières à cette âme pure, humble, fidèle et courageuse. On lit dans le journal de Maunoir : « Le jeudi de l'Octave du Saint-Sacrement, j'eus une connaissance très-nette, très-vive et très-profonde que toutes les choses de ce monde sont vaines et ne durent guère ; que Dieu seul est éternel ; que ceux-là seulement le possèderont dans le ciel, qui l'auront possédé sur la terre. Là-dessus, indigné contre les gens du monde, je sentais une forte envie d'invectiver contre eux, et je dis tout transporté : « *Le monde sera-t-il toujours assez fou pour s'attacher à ce qui passe et pour abandonner un Dieu qui ne passe point !* » Peu de temps après, je fus saisi d'une douleur et d'une contrition très-grande ; il me semblait qu'on me la mettait dans le cœur...

» Comme je servais la messe, je fus saisi tout à coup d'une grande crainte d'offenser Dieu, et je fis cette prière avec beaucoup de ferveur : « Mon Dieu, si je suis en votre grâce et si vous prévoyez que je doive la perdre par un péché mortel (je crois que j'ajoutai : ou vous offenser par un péché véniel), je vous prie de m'envoyer plutôt la mort, quand je devrais être en purgatoire jusqu'à la fin du monde ! » Ensuite je désirai beaucoup de mourir, pour éviter le danger où me met ma propre faiblesse ; et maintenant que j'écris, j'ai une grande connaissance et un grand sentiment de mon indignité.

» Je demandai à Dieu, le jour suivant, qu'il me remplît de sa crainte, et je m'en trouvai tout à coup si saisi, que si cela eût duré plus longtemps, c'eût été de quoi me faire mourir... »

A mesure qu'on avance dans ce journal, on trouve des choses de plus en plus merveilleuses, Dieu augmentant de plus en plus ses grâces, et Maunoir sa fidélité et sa correspondance. On lit dans son journal, à la fin de sa troisième année de philosophie : « Un jour de ma retraite, je sentis avec une joie bien pure comme si deux anges m'eussent tiré le cœur de la poitrine et l'eussent pressé pour en faire sortir tout ce qu'il y avait d'affection naturelle; et alors je fus rempli du désir et de la résolution de vivre sur la terre, malgré tous les embarras du monde, comme on vit dans le ciel, m'occupant ici-bas des mêmes exercices dont les anges sont occupés là-haut.

» ... Une voix intérieure me fit comprendre en quelle haute estime je dois tenir ma vocation, qui m'emploie à coopérer avec J.-C. à la conversion et au salut des hommes. Cette voix intérieure m'affermit merveilleusement dans la résolution de suivre partout Notre-Seigneur à la conquête des âmes, d'essuyer les plus grandes fatigues, de m'exposer aux plus grands dangers, aux naufrages, au gibet, à la roue, aux genres de mort les plus effroyables; car mon Dieu est ma force. Voyant ce que Notre-Seigneur a souffert, il faut que, selon la mesure de sa grâce, je souffre tout ce qu'il lui plaira, sans consolation, mais aussi sans impatience et sans interrompre l'exercice habituel de l'amour de Dieu. Je sais que de moi-même je suis extrêmement faible, aimant le repos et le plaisir et fuyant la peine; mais je suis fort de cette force que Notre-Seigneur m'a méritée par ses souffrances.

» ... Je me propose, avec la grâce de Dieu, de vivre avec une aussi grande pureté que si je n'avais point de corps et comme si j'étais dans une région voisine du ciel, où il n'y eût que Dieu et moi, et où il ne vînt nulle pensée des choses créées, où souffrir sans cesse pour Dieu et être toujours abîmé dans la contemplation de ses grandeurs, tînt lieu de boire et de manger. Oui, je voudrais endurer pour glorifier Dieu tous les tourments de l'enfer, hors la privation du divin amour; et j'aimerais beaucoup le feu du purgatoire, parce qu'il fait beaucoup souffrir et qu'il n'empêche pas d'aimer Dieu. »

Disons, en anticipant sur la suite de notre récit, que l'amour que Notre-Seigneur avait pour les souffrances inspirait à Maunoir une ardeur et une passion de souffrir que rien ne pouvait satisfaire. Parfaitement mort à lui-même, il traitait son corps comme un instrument dont il ne pouvait se passer, mais en même temps comme un ennemi domestique, ne lui donnant que ce dont il ne pouvait se passer. Il mangeait seulement parce qu'il fallait vivre, bien différent de ceux qui ne vivent que pour manger ; il préférait une grossière galette de blé noir, lorsqu'il se trouvait chez les paysans, aux mets les plus exquis qu'on lui servait souvent dans les maisons riches, qu'il ne pouvait toujours fuir. Il ne dormait que parce qu'il fallait dormir, et lorsqu'un bon lit le mettait en danger de dormir plus longtemps qu'il ne le voulait, il jetait entre les draps une poignée de blé noir, afin que ce grain inégal et piquant le réveillât. Comme on le prit un jour sur le fait, il dit en riant : « Je monte mon réveil-matin. »

Il appelait le temps de ses maladies son meilleur temps, parce que, comme elles étaient ordinairement fort violentes et fort douloureuses, c'était le temps où il souffrait le plus.

Il ne paraissait pas même sensible à la douleur, tant il la supportait avec constance et égalité d'humeur. Dans le plus cruel accès de goutte qu'il eut de sa vie, ceux qui étaient auprès de lui, voyant qu'il ne se plaignait nullement et qu'il ne faisait aucune de ces grimaces ordinaires aux goutteux même les plus patients, s'imaginèrent qu'il souffrait peu et remercièrent Dieu de ce que sa goutte n'était pas douloureuse ; mais ce qu'ils attribuaient à la légèreté du mal n'était dû qu'au courage héroïque du malade.

Dans une autre circonstance, le P. Martin, le voyant souffrir extrêmement, se disposa à passer la nuit auprès de lui ; mais le P. Maunoir le pria de se retirer, en lui disant : « Laissez-moi avec la croix de Notre-Seigneur, c'est une bonne compagnie. »

Cette divine croix était l'objet de sa tendresse et le sujet le plus ordinaire de ses méditations. Il pouvait dire comme saint Paul : « *Pour nous, nous prêchons Jésus crucifié.* » Son oraison jaculatoire la plus ordinaire était celle de sainte Thérèse : « *Ou souffrir, ou mourir!* » Il enseignait à tout le monde la manière de méditer la Passion du Sauveur. Dans cette intention, il composa en breton des cantiques sur les sept principaux points de la Passion, et aussi un traité de l'oraison mentale, dont Dieu s'est servi pour élever à la vie intérieure de simples ouvriers et paysans qui, en gardant leurs troupeaux ou faisant leur travail manuel, s'occupaient de la méditation des perfections du Créateur et des vérités les plus sublimes de notre religion.

On devine sans peine qu'un homme si plein d'amour pour la croix ne manquait pas d'affliger sa chair innocente au moyen de tous les tourments familiers aux saints : ceinture de fer, discipline, cilice, haire, etc., etc., rien ne pouvait assouvir son amour pour la souffrance.

IV

Maunoir professeur au collége de Quimper. — Ses premières prédications. — Il apprend la langue bretonne en huit jours.

Maunoir termina ses trois ans de philosophie à La Flèche par une thèse brillamment soutenue; mais les applaudissements qu'il reçut ne diminuèrent en rien les sentiments d'humilité qu'il conservait toujours. Il fut alors envoyé au collége de Quimper pour y enseigner dans les basses classes.

On ne peut se figurer avec quel soin le jeune professeur s'appliqua à inspirer à ses élèves tout à la fois l'amour de la piété et de l'étude ; il y réussit si bien, que leur exemple excita une grande émulation dans tout le collége.

La Providence voulut qu'en arrivant à Quimper, Maunoir trouvât au collége plusieurs Jésuites d'une sainteté peu commune, entre autres le P. Bernard, qui depuis une dizaine d'années travaillait avec un grand succès à la sanctification de cette ville. Ce Père avait reçu de Dieu un don d'oraison très-sublime et le discernement des esprits. Sans cesse occupé à visiter les hôpitaux, à assister les prisonniers, les malades et les moribonds, il brillait spécialement par sa charité envers les pauvres et par une foi et une confiance en Dieu si vives, qu'elles furent fréquemment récompensées par des miracles.

La grâce fait dans les saints ce que la sympathie fait dans les autres hommes. Maunoir et le P. Bernard s'aimèrent dès qu'ils se virent ; Dieu, voulant les unir pour travailler ensemble au salut des peuples de la Bretagne, les lia dès lors d'une affection réciproque, qui ne fit que croître de jour en jour, par suite de la conformité de leurs inclinations et de leur zèle brûlant pour la gloire de Dieu et le salut du prochain.

Le P. Bernard, qui gémissait sans cesse sur le malheureux état des Bretons par rapport au salut, se demandait en lui-même si ce jeune professeur si zélé ne serait pas celui qu'il priait Dieu depuis si longtemps d'envoyer sauver tant d'âmes qui périssaient en ces contrées. Je ne sais quel pressentiment lui répondait au fond du cœur que c'était celui-là même; et comptant là-dessus, il engagea Maunoir à apprendre la langue bretonne : « Combien, ajouta le P. Bernard, combien vous pourriez alors ramener d'âmes à Dieu ! Toute la Basse-Bretagne est dans un danger évident de se perdre, faute d'instruction religieuse. Saint Corentin et six autres évêques ont autrefois converti cette province au christianisme. Plusieurs siècles plus tard, saint Vincent Ferrier y est venu renouveler l'ancienne piété; mais dans la suite, les pasteurs vigilants étant venus à manquer, l'ignorance s'est répandue partout et a introduit tous les vices dans toutes les parties de la province. A la vérité, Dieu a suscité dans ces derniers temps un nouvel apôtre dans la personne de M. Le Nobletz, qui s'est livré entièrement, selon l'expression de saint Paul, pour le salut de ses compatriotes. Mais, hélas ! un homme seul, quoique puissant en œuvres et en paroles, comme l'est ce saint prêtre, ne peut pas tout faire! Ses travaux l'ont déjà beaucoup épuisé. Nous le perdrons bientôt; et si personne ne se dispose à lui succéder, nous perdrons avec lui l'espérance du salut de presque toute la Basse-Bretagne. Verrions-nous donc, sans être touchés, périr un si grand nombre d'âmes pour lesquelles Jésus-Christ est mort? Et vous contenteriez-vous de donner à leur perte une compassion stérile, lorsque vous pouvez prévenir leur malheur en apprenant la langue bretonne? »

Le jeune professeur fut attendri par ces paroles; mais, ne croyant pas que l'intention de Dieu fût qu'il suivît les conseils du P. Bernard, il lui répondit modestement : « Vous savez que ma classe est ma mission, et que, pour la bien faire, les langues que je dois apprendre sont la langue latine et la langue grecque. Si j'en étudiais quelque autre, ce serait celle du Canada, pays où je crois que Dieu m'appelle. »

Sans se rebuter, le P. Bernard continua d'espérer et s'adressa à Dieu par l'entremise de saint Corentin, premier évêque de Quimper, pour obtenir le secours dont son peuple avait tant besoin.

M. Le Nobletz priait aussi de son côté, et

suppliait la sainte Vierge de lui envoyer enfin celui qu'elle lui avait promis. Il entendit alors une voix intérieure qui lui disait : « Celui que vous cherchez n'est pas loin ; vous le trouverez à Quimper, au collége des Jésuites, dont il est le plus jeune. »

Le saint homme, plein de joie, partit à l'heure même.

La visite fut courte ; et, ce qui surprend et prouve que la sagesse des saints ne suit point les mêmes voies que la sagesse des hommes mondains, M. Le Nobletz ne dit pas un mot à Maunoir du dessein que la Providence avait sur lui : il ne lui parla que de la vocation de saint André et de saint Pierre, de la grâce que leur fit Notre-Seigneur de les appeler à son service, et de la fidélité avec laquelle ils quittèrent tout pour le suivre. Après quoi il l'embrassa tendrement. Tous deux, avant de se séparer, se recommandèrent aux prières l'un de l'autre, et ils contractèrent dès lors une liaison de charité aussi consolante pour eux qu'avantageuse pour toute la Bretagne.

Le P. Bernard comprit bien ce qu'avait dit M. Le Nobletz relativement à la vocation de saint Pierre et de saint André : cela signifiait évidemment que Maunoir devrait suivre, avec la même promptitude que les deux apôtres, l'appel que bientôt lui ferait Notre-Seigneur pour l'envoyer aux missions de la Basse-Bretagne. Et là-dessus, il l'exhorta de nouveau à apprendre la langue bretonne.

Maunoir n'était plus éloigné d'obtempérer au désir de son ami. Bientôt Dieu fit tout à fait la lumière dans son esprit. Un jour il allait en pèlerinage à une chapelle voisine de Quimper, chapelle consacrée à la Mère de Dieu. En chemin il se sentit touché vivement de ce que lui avait dit le P. Bernard sur le danger où se trouvait la Basse-Bretagne de perdre la foi. En même temps, une vue intérieure lui représenta la Basse-Bretagne comme une carrière ouverte à son zèle, et tous les moyens qu'il devait employer au salut de ce pays. Aussitôt il sentit se former en son cœur la résolution d'apprendre le bas-breton, son âme ne faisant rien, pendant cette visite du Ciel, qu'acquiescer à la volonté de Dieu.

Tout occupé de cette vocation extraordinaire, il arriva à la chapelle, où, s'étant prosterné devant l'autel de Notre-Dame, il s'offrit à Notre-Seigneur et le pria très-instamment, puisqu'il le destinait à instruire ces peuples abandonnés, de lui apprendre à parler leur

2

langue. Il pria ensuite la sainte Vierge avec une confiance sans bornes, et lui demanda de vouloir bien lui apprendre elle-même cette langue si difficile, pour qu'il pût bientôt lui gagner des serviteurs.

Ayant obtenu, *le jour de la Pentecôte,* la permission de ses supérieurs, il apprit en huit jours le breton, par une grâce bien extraordinaire. De même que les Apôtres prêchèrent l'Évangile aux nations dès que le Saint-Esprit leur eut appris leurs langues, ce nouveau ministre de Jésus-Christ instruisit aussi les Bas-Bretons dès qu'il le put. Il se mit aussitôt à catéchiser les Bretons, en commençant par la paroisse de Cuzon, dans laquelle est située la chapelle témoin de sa vocation aux missions; il donna en breton sa première instruction dans cette chapelle, qui lui fut toujours chère, et dans laquelle il aimait à célébrer la protection maternelle de la sainte Vierge.

Dès qu'il eut instruit Cuzon, il passa aux paroisses voisines; et ne pouvant disposer que des fêtes et dimanches, à cause de la classe qu'il faisait au collége, il instruisait deux paroisses par jour, faisant le catéchisme dans l'une le matin, et le soir dans l'autre.

Dieu bénit tellement les premiers travaux de

son missionnaire, qu'en deux mois, deux paroisses contenant chacune plus de deux mille personnes se trouvèrent suffisamment instruites. Cela semblerait difficile à croire, si lui-même n'avait marqué dans son journal que par la miséricorde de Dieu, en deux ans, plus de trente mille personnes, dans l'étendue de vingt-cinq ou vingt-six paroisses, avaient appris ce qu'elles devaient croire et pratiquer pour être sauvées.

Il est vrai que le P. Maunoir avait déjà un rare talent pour enseigner la doctrine chrétienne. Il expliquait les vérités de la religion avec une clarté qui les rendait sensibles aux esprits les plus grossiers, et dans un ordre qui les leur faisait retenir. Il donnait à ses instructions une forme vive et piquante propre à tenir en éveil les auditeurs. Ce n'était pas une doctrine sèche et stérile; mais en éclairant l'esprit, il savait toucher et changer le cœur.

Tandis que le P. Maunoir évangélisait les faubourgs de Quimper et les paroisses environnantes, la persécution força M. Le Nobletz à quitter le diocèse. Ce saint homme, faisant ses adieux aux habitants de Douarnenez, dans la chaire de l'église de Sainte-Hélène, leur prédit que le Jésuite dont il leur avait parlé plusieurs fois viendrait bientôt achever l'ouvrage de leur conversion.

Cette prédiction faite par un si saint homme, auquel tout ce canton devait son salut, demeura gravée dans les esprits, de sorte que le P. Maunoir étant venu quelque temps après dans la même église, le bruit se répandit dans tout l'auditoire qu'il était le Jésuite annoncé par M. Le Nobletz. Chacun voulut le voir et l'entendre, et l'on fut charmé de son zèle et de sa charité. Le Père conçut de grandes espérances sur les bonnes dispositions des habitants de Douarnenez, il leur fit encore quelques autres prédications, toujours avec beaucoup de succès, et ce furent là comme les préludes des grandes missions et des grands changements qu'il devait faire un jour dans ce canton, auquel il fut dès lors fort affectionné.

Le démon, jaloux de ces heureux commencements, essaya de les entraver. Mais Dieu, destinant le P. Maunoir à renverser l'empire du prince des ténèbres, lui en découvrit les ruses. Le Père s'était rendu à Douarnenez la veille de la Visitation pour y prêcher le lendemain. Pendant son sommeil il eut un songe. Il rêva qu'il était en chaire, et que comme il commençait à prêcher, tout ses auditeurs sortaient de l'église avec beaucoup de précipitation, et qu'il demeurait seul dans sa chaire. A son réveil, il ne crut point que ce songe eût rien de mystérieux; et le matin, l'heure étant arrivée, il monta en chaire. Mais, à peine eut-il commencé son instruction, qu'un homme inconnu parut à la porte de l'église, dans laquelle il y avait plus de deux mille personnes, et cria d'un ton effrayant : « Au voleur! Au voleur! » A ce cri la frayeur s'empara de tout l'auditoire; chacun courut chez soi comme pour garantir sa maison du pillage; et alors le prédicateur abandonné tout seul reconnut la réalité de son songe et l'artifice du démon.

Cependant on ne trouva point de voleurs, ni l'auteur d'une pareille alarme. Chacun avait honte de sa peur et se reprochait sa faiblesse; de sorte qu'après midi, la cloche rappelant tout le monde à l'église, on y vint en foule. Le prédicateur sut tirer parti de l'accident du matin; il fit voir à ses auditeurs et les fausses ruses du malin esprit, et la facilité avec laquelle on suit ses dangereuses suggestions. Ensuite il leur exposa le pouvoir absolu qu'a la sainte Vierge sur tout l'enfer, et leur persuada si bien que le moyen de vaincre les démons est de se donner à elle, que toute cette ville se consacra dès lors au service de la Mère de Dieu, et qu'elle lui est toujours restée très-attachée. Ainsi le Père confondit le démon dès la première attaque, et cette victoire fut un heureux présage de toutes celles qu'il devait remporter plus tard sur l'ennemi des âmes.

V

Maunoir à Bourges. — Il évangélise les environs. — Dieu met fin à ses incertitudes sur sa vocation par une guérison miraculeuse.

Les fatigues du professorat, les instructions au peuple, les études et les exercices de dévotion altérèrent peu à peu la santé de Maunoir ; il fallut le faire changer d'air. On l'envoya à Tours où il se rétablit. On lui fit alors professer la troisième au collége de cette ville. Le zélé professeur ne manqua pas de joindre à cette occupation la prédication et les autres œuvres de miséricorde, auxquelles le portait sans cesse son ardente charité.

Les supérieurs de Maunoir voyant jusqu'à quel point Dieu lui avait accordé le don de toucher les cœurs par la prédication, l'envoyèrent à Bourges étudier la théologie, dans le but de l'employer ensuite au salut des âmes. Maunoir employa les quatre années qu'il passa à Bourges à se perfectionner dans l'étude et surtout dans la piété. Il s'adonna plus que jamais aux exercices de la vie intérieure. Ses mortifications, son recueillement, sa régularité attiraient sur lui les insignes faveurs dont le Seigneur le comblait, mais il n'y attachait point son cœur. « Un jour, écrivait-il dans son journal, un jour dans ma communion je sentis une ardeur extraordinaire pour le salut des âmes, et une passion violente de le procurer par toutes sortes de moyens. Alors Notre-Seigneur me dit intérieurement : « *J'ai travaillé longtemps pour elles ; j'ai pleuré,* » *j'ai souffert, et je suis mort pour elles.* » Ces paroles me touchèrent plus que je ne puis le dire, et l'ardeur que je ressentais auparavant s'accrut à tel point, que s'il eût fallu mourir en ce moment-là pour sauver une seule âme, je serais mort de tout mon cœur. »

Maunoir reçut aussi de la sainte Vierge beaucoup de grâces et de faveurs qui l'enflammèrent de plus en plus à son service.

Son zèle ardent pour le salut du prochain l'aurait consumé dans la solitude, s'il n'en fût sorti de temps en temps pour aller prêcher et catéchiser à la campagne, et s'il n'eût ainsi donné de l'aliment au feu qui le dévorait. Sa charité devenait tous les jours plus ardente et plus tendre. Il était même touché des malheurs temporels de ceux dont il tâchait de procurer le salut éternel. Ainsi un jour qu'il était allé avec l'un de ses condisciples prêcher dans la paroisse de Saint-Martin, près de Bourges, il entendit tout le monde se plaindre que les chenilles désolaient la campagne au point qu'il n'y aurait pas de récolte. Maunoir fut ému de compassion, et, comme s'il eût reçu en ce moment quelque ordre subit du ciel, il courut à l'église, prit le bénitier, et pria son compagnon de le suivre. Ils firent ensemble le tour de la paroisse en jetant de l'eau bénite à droite et à gauche, et suivis de tous les paroissiens qui récitaient le chapelet. Dieu écouta ces bonnes gens et bénit la foi des missionnaires. Le lendemain on ne trouva pas une chenille en vie dans toute la paroisse; et, tandis que tous les environs étaient dévastés par ces bêtes malfaisantes, le bourg de Saint-Martin s'en vit heureusement délivré, et l'on y eut une excellente récolte, tandis qu'elle manqua ailleurs. Les paroissiens de Saint-Martin publièrent ce prodige qui augmenta la réputation du missionnaire.

Cependant Maunoir était touché des besoins spirituels des infidèles du Canada, lesquels n'avaient point alors les secours qu'ils reçurent plus tard. Il se demandait si sa mission en Bretagne n'était pas accomplie et si Dieu ne l'appelait pas au Canada. Mais les lettres pressantes du P. Bernard l'empêchaient de se déterminer. Dieu fixa lui-même les irrésolutions de son serviteur.

Tout à coup il fut pris d'une fièvre violente qui l'affaiblit beaucoup. Puis son bras gauche enfla subitement, tellement et en si peu de temps que les deux médecins habiles qui le soignaient avouèrent qu'ils n'avaient rien vu ni lu de semblable. Les remèdes ne faisaient aucun effet. Le malade était déjà très-affaibli, lorsque la gangrène se déclara au-dessus du coude, puis monta bientôt jusqu'à l'aisselle, où il se fit un trou dont on avait de la peine à trouver le fond avec la sonde. Les médecins ne doutant pas que la gangrène ne gagnât bientôt le cœur abandonnèrent le malade comme désespéré.

Tout le collége regrettait vivement et pleurait déjà Maunoir, qui était beaucoup plus touché de la douleur de ses frères que de son propre danger. Il reçut le viatique à minuit dans la nuit de Noël, heureux de mourir le jour de la naissance de Notre-Seigneur. Lorsqu'il se préparait tout à la fois à la communion et à la mort, en voulant se recueillir, il s'endormit. Dans un songe, il crut porter sur ses épaules un paysan du diocèse de Cornouaille ; de même que saint François-Xavier, dans un rêve prophétique, songea qu'il portait un Indien, quelque temps avant que saint Ignace l'envoyât aux Indes.

Maunoir, qui jusque-là avait paru très-content de mourir, demanda aussitôt sa guérison, et, lorsqu'on lui présenta la sainte Hostie, il fit vœu à Dieu, s'il lui rendait la santé, d'employer le reste de sa vie au salut de la Bretagne. Dès qu'il eut reçu la sainte Eucharistie, Notre-Seigneur lui fit connaître que sa prière était exaucée, et qu'il guérirait bientôt ; et dans la communion suivante, il l'assura que son vœu s'accomplirait. La gangrène s'arrêta aussitôt que le vœu fut prononcé ; l'enflure disparut ensuite, les chairs revinrent, et bientôt le moribond fut entièrement guéri contre toute espérance. Les médecins et tout le monde bénirent Dieu de ce miracle.

Deux ans avant cette maladie de Maunoir, M. Le Nobletz l'avait prédite. Ce saint prêtre avait ajouté que cette maladie déciderait tout à fait son successeur à se consacrer aux missions de la Basse-Bretagne. A la même époque M. Le

Nobletz, en chaire et dans ses conversations, engageait tout le monde à prier pour la vocation de son successeur ; ce qui fait voir que ce grand serviteur de Dieu savait par une voie surnaturelle les hésitations de Maunoir. Du reste, celui-ci a souvent répété depuis que sans le crédit qu'avait M. Le Nobletz auprès de Dieu, il serait mort de cette terrible maladie.

Dès qu'il fut rétabli, il reprit avec une nouvelle ardeur ses études et ses prédications à la campagne. Il continua ses instructions dans le Berry avec un succès toujours croissant.

Maunoir reçut alors les ordres sacrés avec les dispositions qu'on peut imaginer. Puis, ayant achevé ses études, il obtint du P. Mutio Vitelleski, alors général de la Compagnie de Jésus, la permission de se consacrer au salut des Bretons.

Il se prépara à cette vie apostolique par sa troisième année de noviciat. La vie qu'il mena pendant cette dernière année de retraite fut toute consacrée aux exercices de la vie intérieure, et à quelques missions, destinées à former à la vie apostolique les membres de la Compagnie qu'on destine à la prédication.

Dans une de ces missions, à Bernay, en Normandie, le Père réussit heureusement à réconcilier une mère avec son fils. En vain plusieurs personnes avaient fait tous leurs efforts pour amollir le cœur ulcéré de cette mère, dont l'endurcissement scandalisait tout le pays. Le P. Maunoir conduisit le fils à la mère, et la conjura par toutes sortes de motifs de lui pardonner. Mais ne pouvant vaincre son entêtement, il se mit à genoux, et pria l'ange gardien de cette mère endurcie de fléchir son cœur. Ce moyen réussit complétement. Comme le Père faisait cette prière, la mère se trouva changée tout à coup, et fondant en larmes, elle embrassa son fils, demanda pardon aux assistants du scandale qu'elle leur avait donné, et au P. Maunoir de la peine qu'elle lui avait faite par son opiniâtreté criminelle.

Maintes fois le Père reçut des secours merveilleux de cette sainte pratique d'invoquer les anges gardiens des lieux où il faisait mission, et ceux des personnes avec lesquelles il avait des rapports de direction ou d'affaires.

Au reste, le Père, pour faire le bien, ne comptait point sur son industrie, mais seulement sur la prière. Il recommandait plusieurs fois chaque jour le salut des âmes à saint Michel, à saint François Xavier, à saint Joseph, aux bons anges, à saint Julien, son patron, à saint Ignace. Il inspirait aux pécheurs la confiance qu'il avait en ces puissants intercesseurs. Surtout il les obligeait de recourir continuellement à Notre-Seigneur et à la sainte Vierge, pour laquelle il avait une dévotion extraordinaire. Il faisait chaque jour à la Mère de Dieu des prières réglées, et l'honorait par beaucoup de pieuses pratiques, surtout pour obtenir de la Mère de Miséricorde la conversion des âmes les plus endurcies. La Reine des Anges répondait à tant d'amour par toutes sortes de faveurs, parmi lesquelles on est fondé à croire qu'elle lui est apparu plusieurs fois visiblement. A l'autel, lorsqu'il tenait Notre-Seigneur entre ses mains, le Père Maunoir le priait ardemment de se souvenir qu'il s'est fait victime de propitiation pour les péchés de tous les hommes, et il le conjurait de faire miséricorde aux pécheurs. Il mettait aussi dans ses intérêts les âmes du purgatoire, qui peuvent nous obtenir beaucoup de grâces quoiqu'elles ne puissent plus mériter pour elles-mêmes.

VI

Obstacles qui s'opposent aux missions. — Dieu les fait disparaître. — Douarnenez.

M. Le Nobletz n'eut pas plus tôt appris que le

P. Maunoir était arrivé à Quimper pour se livrer aux missions, qu'il le fit prier de venir le voir au Conquet, où ses infirmités l'avaient fait se retirer. Ces deux saints personnages passèrent quelques jours ensemble dans des entretiens capables de faire l'admiration des anges. Le P. Maunoir ne tarda pas à s'apercevoir que le vénérable missionnaire lisait surnaturellement dans son âme et connaissait toutes ses pensées les plus secrètes. Il comprit que Dieu voulait lui communiquer ses lumières par l'organe de ce saint prêtre ; aussi le consulta-t-il toujours comme son oracle.

M. Le Nobletz recommanda vivement à son successeur l'emploi des chants spirituels, comme très-propres à faciliter l'œuvre des missions en développant rapidement l'instruction religieuse des peuples : « Les calvinistes, lui dit-il, ont traduit les psaumes en vers français pour inspirer leur hérésie ; servez-vous des cantiques spirituels pour inspirer au peuple la foi, l'espérance et la charité.... Vous tirerez encore de là un autre avantage : vous abolirez peu à peu l'usage des chansons déshonnêtes. »

M. Le Nobletz, après avoir communiqué au P. Maunoir tous les renseignements et les conseils qui pouvaient lui être utiles, le présenta à la foule, dans l'église du Conquet, comme son successeur dans l'œuvre des missions en Bretagne. Puis, il lui donna, « par manière d'investiture, la clochette et les peintures énigmatiques dont il s'était servi pour expliquer nos mystères, et un grain bénit pour toucher et guérir les malades. »

Plein d'ardeur, le P. Maunoir voulut se mettre immédiatement à l'œuvre. Mais quelles difficultés n'eut-il pas à vaincre dès le commencement ! Opposition de la part des Pères du Collége dont les ressources ne permettaient pas de nourrir et habiller deux missionnaires, en plus des personnes strictement nécessaires à l'établissement ; opposition de la part des grands-vicaires de l'évêché de Quimper, alors vacant, sous prétexte que les missions projetées étaient une nouveauté : difficulté de trouver un compagnon à ce missionnaire infatigable, qui n'entreprenait rien moins que de parcourir à pied tous les ans la plus grande partie de la Bretagne et d'y travailler sans relâche du matin jusqu'au soir.

Le Père, sans s'étonner de tant d'obstacles, eut recours à la prière, et s'occupa d'évangéliser avec son ami le P. Bernard la ville de Quimper et les paroisses voisines. Bientôt Dieu leva tous les obstacles. Quelques personnes pieuses envoyèrent les sommes nécessaires à l'entretien des deux missionnaires. Les grands-vicaires sachant le grand besoin d'instruction qu'avaient les peuples, permirent au nouveau missionnaire d'évangéliser dans tout le diocèse. Enfin, sur les instances de M. Le Nobletz, le P. Bernard, quoique âgé déjà de cinquante-six ans et ne connaissant point le bas-breton, s'offrit de tout son cœur à seconder son jeune ami. Il comprit alors que l'entretien de M. Le Nobletz avec le P. Maunoir relativement à la vocation des deux apôtres Pierre et André, le concernait lui-même aussi bien que le P. Maunoir ; et que, comme saint André quoique plus âgé se soumit à saint Pierre qui fut le chef de l'Église, il devait lui aussi, tout vieux qu'il était, se soumettre au jeune P. Maunoir qui serait le supérieur des missions. On vit donc ce vénérable Jésuite se mettre comme un enfant à l'étude rebutante des premiers éléments de la langue bretonne.

Le P. Maunoir de son côté employait une partie de la nuit à composer, d'après le conseil de M. Le Nobletz, des cantiques spirituels sur les principales vérités de la religion ; et il les composait à genoux devant une image de la sainte Vierge, priant cette digne Épouse du Saint-Esprit de lui donner abondamment ses lumières et son onction afin de rendre ces cantiques instructifs et touchants.

Bientôt on vit le P. Maunoir commencer son apostolat. Il entreprit l'instruction de sept paroisses différentes; et il commença par Douarnenez, d'après le désir de M. Le Nobletz. Le Père trouva à la porte de la ville les plus considérables des habitants qui venaient au-devant de lui. Quelques-uns se souvenant de l'affront qu'on lui avait fait autrefois en l'abandonnant au commencement d'un sermon, voulurent lui en faire excuse. Le Père leur répondit en riant : « Il y a longtemps que j'ai oublié cela ; mais je ne sais si Dieu vous l'aura pardonné. » Ces paroles furent remarquées et l'on crut qu'elles avaient été dites par un esprit prophétique, quand on fut témoin d'un fait extraordinaire qui eut lieu au premier sermon de la mission.

Le Père prêchait sur le jugement universel, et il exposait les signes qui doivent le précéder et l'accompagner. Au moment où il disait : « Le » ciel s'obscurcira, la lune ne répandra plus sa » lumière, le ciel éclatera en tonnerres et en » foudres; » à ces derniers mots, l'église fut sillonnée d'un grand éclair, qui fut suivi d'un coup de tonnerre effroyable; et pourtant le ciel était serein et sans nuages. Tout l'auditoire fut saisi de frayeur, il fallut emporter une femme, qui s'évanouit. Le prédicateur laissa à ses auditeurs le temps de se remettre de leur terreur, puis il reprit son sermon par ces mots : « Si un éclair et un seul coup de tonnerre vous effraient de la sorte, que sera-ce quand toute la colère d'un Dieu vengeur éclatera contre vous, de toutes les manières que l'Évangile nous décrit ! » Ensuite, il imprima, dans des cœurs si bien préparés, une crainte salutaire des jugements de Dieu, qui les rendit dociles aux mouvements de la grâce.

Une mission, qui avait eu un commencement si extraordinaire, ne pouvait manquer d'avoir une fin heureuse. Elle renouvela toute la ville et les paroisses voisines, comme M. Le Nobletz l'avait prédite, Dieu marqua de son sceau la première mission de son serviteur, en opérant plusieurs guérisons miraculeuses, dont le P. Maunoir attribue humblement l'honneur à saint Ignace.

Cette mission se termina par une procession à laquelle assistèrent plus de six mille personnes, et le Père eut la satisfaction d'instruire, en quarante jours, plus de dix mille âmes à

Douarnenez, à Pontecroix, et dans plusieurs paroisses le long de la côte. Le Père faisait une prédication et un catéchisme tous les jours ouvriers, et au moins deux, les jours de fête; il demeurait au confessionnal tout le temps qu'il n'était pas en chaire, et se donnait à peine le loisir de prendre quelque nourriture. Cependant, il n'appelait cela que *s'exercer* et *se mettre en haleine* pour se disposer à de plus grandes expéditions.

Il fut bientôt en état de travailler *tout de bon*, car, quelques mois après, il reçut sa nomination de supérieur des missions de la Basse-Bretagne, et on lui donna pour compagnon le P. Bernard.

Alors, enchantés de ce que l'obéissance et leur occupation commune les unissaient, aussi bien que leur vive affection, les deux Pères se promirent mutuellement de ne se séparer qu'à la mort, et de vivre ensemble dans une union inaltérable; et, pour commencer à satisfaire leur zèle, ils partirent pour évangéliser l'île de Sein qu'ils savaient dans le plus triste état au point de vue religieux; elle était, en effet, sans prêtres et sans sacrements.

VII

Mission dans les îles d'Ouessant et de Molênes.

Dieu avait résolu que le P. Maunoir s'occuperait auparavant d'autres lieux non moins abandonnés. Par suite de divers contre-temps, il fut amené à entreprendre la conversion des îles d'Ouessant et de Molênes.

L'abord de l'île d'Ouessant, très-difficile et même dangereux, et surtout une mission qu'y avait faite M. Le Nobletz au commencement du siècle, avaient préservé le peuple de la corruption générale. On y voyait régner une simplicité et une innocence de mœurs admirables. Point de fainéants, ni d'ivrognes, ni de pauvres dans cette robuste population. Jamais de procès ni de discussion. Un gentilhomme, à la sortie de l'église, terminait tous les différends. Mais l'ignorance religieuse était à son comble.

Sur l'invitation de Mgr Cupif, évêque de Léon, les deux Pères se rendirent non sans peine dans l'île, et ils publièrent que le lendemain la mission s'ouvrirait de grand matin.

La disette de prédicateurs avait excité parmi ces bons insulaires une telle soif de la parole de Dieu, qu'ils accoururent en masse de toutes les parties de l'île, et remplirent et l'église et le cimetière. Le P. Maunoir, pour se faire entendre de tous, fit mettre sa chaire à la porte de l'église. Son premier sermon causa une profonde admiration, mais rien de plus. Le peuple se laissait tellement aller au plaisir d'entendre parler de Dieu, qu'après que le Père fut descendu de chaire, tout l'auditoire demeura immobile, comme s'il attendait qu'on prêchât une seconde fois.

Le Père le fit, en effet, une seconde fois, après la grand'messe, et cette seconde prédication leur plut autant que la première, et ne fit que leur plaire. Après le dîner, le Père leur fit un catéchisme; mais il ne put décider personne à répondre; les enfants se cachaient, et la honte empêchait les autres de parler. Après vêpres, le Père remonta encore en chaire; il exposa si vivement les joies du paradis et les tourments de l'enfer, et il sut si bien remuer ses auditeurs par l'espérance et par la crainte, que tous enfin se prirent à pleurer, et s'écrièrent : « Jusqu'a présent, nous avons vécu en bêtes; il faut songer à vivre en chrétiens! »

Alors la mission commença pour tout de bon.

Pour encourager les insulaires à répondre aux questions du catéchisme, le Père fit venir du Conquet une petite fille fort instruite de sa religion. Il l'interrogea publiquement, loua ses réponses et lui donna un chapelet. Cela inspira de la hardiesse et de l'émulation aux autres enfants, qui voulurent avoir part aux louanges et à la récompense. Ils demandèrent qu'on les interrogeât; les jeunes gens les imitèrent, et tous ensuite se firent un honneur de répondre, ce qui facilita beaucoup l'enseignement de la doctrine chrétienne.

Ce fut alors que, pour hâter l'instruction religieuse, le P. Maunoir fit l'essai de ses cantiques spirituels. Comme ils contenaient tous les principes de la foi, les commandements de Dieu et de l'Église, la méthode pour se confesser et communier, le *Pater,* l'*Ave*, le *Credo,* etc., tout le monde apprit en les chantant toute la doctrine chrétienne, et ce fut avec une joie et un enthousiasme admirables.

« Alors, écrivait le Père, le feu prit au milieu de ces eaux. Le Saint-Esprit excita tant d'ardeur dans les âmes, que, tout le monde accourant à l'instruction, il fallut prêcher au milieu de la campagne. La foule des pénitents était si grande, que, pour les satisfaire, nous allions au confessionnal dès trois heures du matin, et nous y passions presque tout le jour jusqu'à huit heures du soir, et souvent jusqu'à neuf. Nous ne donnions pas quatre heures au sommeil. Le P. Bernard, pour se lever aisément, se couchait sur une table. » (Le P. Maunoir ne dit pas que lui-même couchait « à plate terre, » et que pour cacher sa mortification, il bouleversait le lit qu'on lui avait préparé, pour faire croire qu'il s'en était servi.)

Il ajoute : « Nous avions regret au temps que nous passions à manger, quelque court qu'il fût. Nous étions comme les marchands, les jours qu'ils font un grand débit : le plaisir du gain nous faisait oublier la peine du travail, et nous tenait lieu de nourriture et de sommeil. Aussi faut-il avouer que le gain était considérable. Nous voyions un très-grand nombre de conversions sincères, et nous sentions que le doigt de Dieu était là. Nous trouvions plusieurs personnes, et même assez avancées en âge, qui n'avaient point encore reçu d'autre sacrement que le baptême, et nous les confessions pour la première fois. Un jour, comme je commençais à dîner, je fus pressé intérieurement de quitter la table et d'aller au confessionnal. Je suivis l'inspiration, et je trouvai un homme qui cherchait depuis cinq jours à se confesser, et qui n'avait pû approcher du confessionnal. Cette confession me donna bien de la joie. Que vous êtes bon, ô Dieu, et que vous faites de grandes grâces aux plus grands pécheurs !

» L'empressement que ces bonnes gens témoignaient avoir de se réconcilier avec Dieu nous obligea de ne plus faire qu'un sermon et un catéchisme par jour. Les cantiques, que tout le monde savait et chantait, faisaient plus d'effet que les sermons et les catéchismes.

» Quand nous eûmes confessé presque toute l'île, nous les disposâmes à recevoir la sainte Eucharistie, et nous les communiâmes. Vous savez, mon Dieu, combien il y en eut là qui firent leur première communion ! Mais la dévotion avec laquelle tous approchaient de la Sainte Table nous comblait de joie, et encore plus les fruits merveilleux que produisaient les sacrements. Dans toutes les assemblées, on fit des protestations publiques d'abolir toutes les mauvaises coutumes contre lesquelles nous avions prêché, et en particulier de renoncer aux excès de bouche et aux danses. Ces protestations furent efficaces : il se fit une noce, durant que nous étions là ; personne ne s'y enivra, et on n'y dansa point ; deux choses qui paraîtront admirables à ceux qui connaissent les mœurs du pays.

» Il nous sembla voir quelques effets approchants de ceux qui arrivèrent à Jérusalem, lorsque les Apôtres y publièrent l'Évangile. Soit en allant le matin au confessionnal, soit le soir en nous retirant, soit en visitant les malades, nous trouvions partout des personnes pénétrées de douleur qui pleuraient leurs péchés ; d'autres nous demandaient ce qu'il pourraient faire pour expier leurs fautes et réparer le temps qu'ils avaient perdu. Tous louaient Dieu et exaltaient sa miséricorde. Les insulaires, sur la fin de la mission, se voyant transformés en d'autres hommes, venaient nous remercier partout où ils nous trouvaient, comme si nous eussions été les auteurs de ces changements si surprenants. Mais nous leur faisions comprendre que c'était à Dieu qu'ils devaient rendre grâces, et qu'à lui seul était due la gloire de leur conversion. Jamais nous ne conçûmes mieux qu'en cette occasion ces paroles de l'Apôtre : « Celui qui plante et qui arrose n'est rien ; il faut tout attribuer à Dieu, qui donne l'accroissement aux plantes et la fécondité à la terre. » Cependant nous avions beau dire à ces bonnes gens que nous étions des serviteurs inutiles, ils exagéraient les services que nous leur avions rendus et disaient au P. Bernard : « Quoi ! à votre âge, quinze » jours durant, confesser plus de seize heures » par jour, ne dormir pas quatre heures, cou- » cher sur une table, et ne pas prendre d'autre » nourriture que la nôtre ! *Tat santel !* (Ah ! » mon père, que vous êtes saint !) »

» Ils nous faisaient ainsi rougir de confusion, sans que nous pussions échapper de leurs mains. Ils nous amenaient leurs malades, et, quoique nous sussions bien qui nous étions, c'est-à-dire des hommes faibles et sans pouvoir, il fallait les toucher ; autrement on ne nous aurait point donné de repos. Nous les touchions donc ; et Dieu, pour récompenser leur foi, en guérissait plusieurs.

» Un jour avant notre départ, comme nous allions dire la Sainte Messe, on nous pria d'entrer chez une fille aveugle. Son père, sa mère et quatre personnes du voisinage nous assurèrent qu'il y avait deux ans qu'elle avait perdu la vue. Nous prîmes de l'eau, dans laquelle nous mîmes le grain bénit de M. Le Nobletz. Nous en lavâmes les yeux de l'aveugle, et lui ayant fait faire un acte de confiance en Notre-Seigneur, nous lui dîmes ces mots bretons :

« *Sellit ou zomp !* » qui signifient : Regardez-nous ! Et elle nous regarda en effet, recouvrant la vue au même moment. Qu'on dise après cela que le bras de Dieu est raccourci ! »

Après le récit d'un autre miracle, raconté avec la même simplicité pleine d'humilité, le P. Maunoir ajoute : « Enfin nous terminâmes cette mission par une procession fort édifiante, où M. le recteur porta le Saint-Sacrement jusqu'à une chapelle assez éloignée, près de laquelle je prêchai, au milieu de la campagne, pour affermir les bonnes résolutions de ce grand peuple. Il y avait bien quatre mille personnes à ce sermon. Je ne sais pas si tous m'entendaient, mais je sais que tous m'écoutaient et me paraissaient touchés. Quand je vins à faire mes adieux, ce furent des cris, des regrets que je ne puis exprimer. Tous nous conduisirent jusqu'au port, et lorsque nous fûmes dans la chaloupe pour passer à l'île de Molênes, ils nous demandèrent encore une fois notre bénédiction ; nous la leur donnâmes pour les contenter. Dieu veuille bien les bénir. Je crois qu'il sera servi dans cette île-là et que la ferveur s'y entretiendra longtemps. »

L'île de Molênes fut aussi complétement régénérée, et en huit jours seulement, ce qui s'explique par cette circonstance que des enfants de cette île ayant appris les cantiques spirituels et le catéchisme dans l'île d'Ouessant, pendant la mission, étaient revenus dans l'île de Molênes et avaient appris les cantiques et le catéchisme à un grand nombre de leurs compatriotes, ce qui simplifia beaucoup le travail des missionnaires. Là encore Dieu manifesta sa puissance et la sainteté de ses apôtres par plusieurs guérisons miraculeuses, notamment celle d'un aveugle et de deux sourds.

VIII

L'envie fait proscrire les cantiques spirituels, ce qui sert à les faire triompher.

Le bien était trop éclatant pour ne pas exciter les misérables susceptibilités de certains envieux qui avaient si cruellement poursuivi M. Le Nobletz. On dénonça les Pères à l'évêque de Léon et au supérieur du collége de Quimper, comme coupables d'avoir provoqué dans les îles des danses publiques pour se réjouir de la conversion des habitants, et d'avoir eux-mêmes chanté des chansons licencieuses pour mettre tout le monde en train. La facilité avec laquelle fut accueillie cette calomnie absurde, n'est pas la preuve la moins caractéristique de la décadence des mœurs à cette époque. Mgr Cupif, ainsi trompé, manda M. Le Nobletz, le reprit en public et fort sévèrement, et le blâma rudement de ce qu'il protégeait des missionnaires aussi indiscrets. Le saint prêtre reçut la correction sans dire un seul mot pour sa défense ni pour celle des missionnaires.

Quand il fut de retour au Conquet, ses amis lui reprochèrent d'avoir laissé condamner sans rien dire les peintures, les cantiques et les missionnaires. « Si j'eusse entrepris de les justifier, répondit M. Le Nobletz, Dieu ne l'aurait pas fait. Demain la Providence arrangera tout. »

En effet, au même moment où l'on publiait au Conquet l'ordonnance par laquelle Mgr Cupif défendait d'expliquer les tableaux énigmatiques et de chanter les cantiques spirituels, à ce moment même débarquèrent environ mille jeunes insulaires d'Ouessant et de Molênes, mandés par l'évêque pour venir recevoir la confirmation. Aussitôt débarqués, ils se séparèrent en deux troupes, l'une de garçons, l'autre de filles, et, marchant en bon ordre deux à deux, ils se mirent à chanter les cantiques proscrits.

En approchant, ils élevaient de plus en plus la voix, de sorte que beaucoup de personnes accoururent en entendant ce chant si extraordinaire. Quand on s'aperçut qu'ils chantaient les cantiques défendus, on voulut les en empêcher. « Comment nous défendrait-on de chanter ce que *Ta dou santel* (les Pères qui sont des saints) nous ont appris? » Après cette réponse, ces bons insulaires n'en chantèrent que plus haut, malgré les mauvais traitements qu'on leur fit subir. Les femmes surtout furent encouragées par l'exemple de celle qui conduisait leur troupe, et chez laquelle les Pères avaient logé à Ouessant. Cette femme, pleine de foi et résolue à mourir pour la défense des saints cantiques, s'écria avec énergie : « Nous ne chantons que la doctrine de Jésus-Christ! Qu'on nous crucifie comme on l'a crucifié, et nous chanterons encore sur la croix! »

Par bonheur, il survint un prêtre qui savait le breton. Ecoutant les cantiques, il vit bien qu'ils ne contenaient que les prières de l'Église et des instructions très-orthodoxes; il alla instruire l'évêque. Aussitôt qu'il fut détrompé, Mgr Cupif fit faire publiquement l'éloge des deux missionnaires, et recommander à tous les fidèles de son diocèse les pieux cantiques que la calomnie avait travestis en chansons de danse. C'est ainsi que la Providence tire le bien du mal et justifie ceux qui ont confiance uniquement en son soin maternel.

IX

Mission de l'île de Sein.

Le P. Maunoir reprit au plus tôt son projet d'aller évangéliser les malheureux habitants de l'île de Sein. A cette époque, cette île était singulièrement déshéritée sous le double rapport des secours spirituels et de son sol aride et sauvage. C'était là que le druidisme avait établi autrefois la résidence des prêtresses vierges, dont les oracles attiraient tant de monde. L'Évangile bannit de l'île l'empire du démon, et la peupla d'anachorètes dont la vie toute sainte fit donner à ce rocher le nom d'île des Saints (par corruption l'île de *Sein*). Peu à peu l'ancienne ferveur avait disparu, au point que les habitants, privés de tout secours religieux, étaient tombés dans un état de féroce barbarie. Ils n'avaient d'hommes que la figure, aussi les appelait-on les *diables de la mer*. La pêche et les ruses cruelles pour attirer les vaisseaux par des signaux trompeurs sur leurs affreux rochers, afin de piller leurs débris, tels étaient les uniques travaux de ces insulaires. Leurs femmes cultivaient un peu d'orge dans les rares parties de l'île susceptibles de culture; elles recueillaient sur le rivage le *varech comestible,* pour suppléer à l'insuffisance des céréales : on en faisait une espèce de galette cuite sous la cendre de goëmon, herbe marine dont on faisait du feu faute de bois. Cette galette et du poisson rôti sans aucun assaisonnement faisaient toute la nourriture de ces pauvres gens. « Cependant, ajoute le P. Boschet, quelque affreux que ce séjour nous paraisse, les insulaires y sont tellement attachés, qu'ils ne peuvent pas plus vivre hors de leur île que le poisson hors de l'eau. La seule bonne raison qu'ils aient de préférer cette demeure à toute autre, c'est qu'ils s'y portent bien et qu'ils n'y peuvent mourir : il semble qu'on n'y meurt que parce qu'il faut bien mourir. Mais je crois que pour y pouvoir vivre, il faut y être né. Vers la fin du siècle précédent, un évêque de Quimper, faisant une espèce de visite sur la côte et ayant mandé le recteur[1] de cette île, pour lui faire

[1] On sait qu'on donne, en Bretagne, le titre de recteurs aux curés.

rendre compte de sa paroisse, les paroissiens passèrent la mer avec lui, et, comme si l'on eût voulu le leur ravir, ils tirèrent leurs grands couteaux, avec lesquels ils vidaient les plus gros poissons, et menacèrent le prélat de lui ouvrir le ventre, s'il ne leur rendait au plus tôt leur recteur. »

Pour atteindre cette terre inhospitalière, il fallait d'abord affronter une mer tellement orageuse, que les proverbes du pays disent : « Qui passera le raz, périra ou tremblera. » Un autre est une touchante prière :

« O Dieu ! secourez-moi pour passer le raz ! Car ma barque est petite, et la mer est bien grande ! »

M. Le Nobletz avait, par une mission, très-heureusement changé et adouci les mœurs féroces de ces insulaires. Leur ancienne réputation les rendait cependant encore formidables, et tant de choses rebutantes auraient éteint un zèle moins ardent que celui des deux missionnaires. Ils s'embarquèrent sur cette mer dangereuse et mirent deux jours à faire le trajet, Dieu ayant voulu exciter leurs désirs par le retard que causa un calme plat. Enfin ils arrivèrent au port sans encombre le jour de la fête de saint Louis ; ils y furent reçus comme des anges venus du ciel. Aussitôt que les insulaires les virent, ils s'écrièrent : « Enfin ! nous pourrons avoir la messe, et nous apprendrons le chemin du ciel ! » Enchantés de trouver des sentiments si chrétiens dans un lieu si sauvage, les Pères se rendirent d'abord à l'église, et furent bien édifiés de la trouver propre et d'y voir une lampe allumée devant l'autel.

Comme ils s'étaient embarqués le jour de Saint-Barthélemy avec l'intention de dire ce jour-là même la messe dans l'île, et qu'ainsi il y avait plus de trente-six heures qu'ils n'avaient mangé, le P. Bernard se trouva excessivement faible. Il voulut néanmoins dire la messe à ceux qui les avaient reçus. Le P. Maunoir dit la grand'messe, à laquelle tous les paroissiens assistèrent. Il fut fort surpris de voir qu'on répondait à tout, et qu'on chantait au lutrin sans détonner. Il prêcha, selon sa coutume, après l'évangile, et il ouvrit ainsi la mission.

A la sortie de l'église, le Père demanda comment il se faisait qu'on se souvînt encore du chant de la messe, depuis tant de temps qu'on ne la chantait plus, et qu'il n'y avait plus de pasteur dans l'île. Alors on lui présenta un ancien disciple de M. Le Nobletz, nommé François Le Sû, que les habitants avaient fait capitaine de l'île, et qui leur servait de pasteur et de père. Ce brave homme savait le français et avait appris la religion dans des livres que lui avait donnés M. Le Nobletz. Il avait chanté toute sa vie à l'église et appris le plain-chant ; de sorte que, voyant l'île sans prêtre, animé du zèle de la maison de Dieu, il montra à lire aux matelots ; il leur enseigna le chant de l'Église, et, avec l'autorité que lui donnait sa charge de capitaine, il assemblait les insulaires à la paroisse les jours de fêtes et les dimanches, et là il faisait chanter à deux chœurs tous les passages de l'office divin que les laïques pouvaient chanter. Le dimanche, il annonçait les fêtes et les jeûnes de la semaine. Tous les ans, le Vendredi Saint, il faisait à toute la paroisse assemblée dans le cimetière un discours sur la passion de Notre-Seigneur. Il entretenait ainsi dans l'île l'esprit de piété, ou du moins l'exercice de la prière.

Le P. Maunoir fit bien des caresses à ce chrétien si dévoué ; il lui donna ses cantiques, et il lui en apprit le chant, afin qu'il l'enseignât aux autres. On eut tout espoir qu'un peuple qui s'était soumis à un laïque, simple disciple de M. Le Nobletz, se soumettrait aussi à des prêtres qui étaient les successeurs de ce saint homme ; et l'on ne se trompa pas.

On n'eut pas fait deux jours les exercice: ordinaires, qu'on vit tous les hommes renonce: à la pêche et tout le monde ne plus s'occupe: que de son salut. L'île étant fort petite, tou le monde assistait à toutes les instructions. Ce bons insulaires avaient une si grande passio: de s'instruire de leurs devoirs, que, non con tents des catéchismes et des sermons qu'o: leur faisait le jour, ils suivaient les mission naires jusque chez eux et les questionnaien jusqu'à minuit. Les Pères prenaient sur leu sommeil le temps qu'ils employaient ainsi : satisfaire la pieuse avidité de ces pauvre gens.

Ce fut une espèce de miracle que les deu: missionnaires ne succombassent pas à tant d travaux. Le P. Maunoir, incapable d'aucun exagération, écrivait que le P. Bernard, pen dant les huit jours qu'il passa dans l'île, étai tellement occupé, qu'il n'avait pas trois heure pour reposer chaque nuit, ni un quart d'heur pour manger, à midi et le soir, un morceau d pain d'orge et de poisson rôti tout sec, nourri ture des insulaires ; et qu'avec cela, ne buvan que de l'eau, il ne se trouvait point fatigué tant il était soutenu par la grâce de sa vocatio: et par le plaisir de gagner des âmes à Jésus

Christ. Ce que le P. Maunoir écrivait de son compagnon était pour le moins aussi vrai de lui-même, et paraît encore plus étonnant ; car s'il était plus jeune et plus robuste que le P. Bernard, il fatiguait aussi bien davantage, puisqu'il faisait seul tous les sermons et tous les catéchismes.

Aussi ces ouvriers infatigables, avec un travail si opiniâtre, renouvelèrent entièrement l'île en huit jours. Il fallut modérer la ferveur de ces bonnes gens disposés par leur ardeur à dépasser les bornes de la prudence. Plusieurs ajoutaient des abstinences extraordinaires au jeûne continuel que la stérilité de leur île leur faisait pratiquer. La plupart ne se contentaient pas de la confession, ils voulaient aussi avoir de la direction sur leur conduite habituelle, sur leurs exercices de piété, etc. Un entre autres consulta le P. Maunoir sur l'habitude très-ancienne qu'il avait de réciter chaque jour trente-trois *Pater* pour honorer les trente-trois années que Notre-Seigneur a passées sur la terre.

Ces bonnes gens crurent, comme ceux d'Ouessant et de Molènes, qu'il ne tenait qu'au Père de guérir leurs malades, et ils lui amenèrent six personnes qu'une dangereuse esqui-

nancie empêchait de prendre aucune nourr
ture depuis plusieurs jours. Le Père les guéı
en les oignant avec de l'huile bénite qu'il ava
prise dans une lampe allumée devant ur
image de saint Gabriel archange, à Douaı
nenez.

Quelque satisfaction qu'eût le P. Maunoir c
l'heureux état où il laissait ces insulaires, l
pensée qu'il allait les laisser sans pasteur l'aı
fligeait vivement. Un jour qu'il priait ardem
ment Notre-Seigneur de donner à cette île u
bon prêtre capable d'entretenir le feu divin qu
lui-même avait allumé, il eut tout à coup l'ins
piration d'offrir cette charge au bon capitaine
qui avait si longtemps fait, autant que possible
l'office de pasteur dans cette île. Il était veuf e
rien ne l'empêchait de se faire prêtre ; sachan
lire, et même ayant eu un peu d'instruction
il serait aisé de lui apprendre assez de latiı
pour entendre le bréviaire, le missel et les ca-
suistes ; ayant de la probité, du zèle, du boı
sens et la confiance de tous les paroissiens, i
les gouvernerait fort sagement et fort aisément
puisqu'aucun prêtre ne voulait desservir cett
cure, pas même pour deux ans, quoique ave
la promesse d'en avoir une autre fort bonne aı
bout de ce court temps, il ne fallait plus, pouı

la donner au *Bonhomme Le Sû*, que son consentement.

Frappé de ces pensées, le Père Maunoir proposa la chose au capitaine. Celui-ci lui répondit qu'il y avait déjà pensé, mais qu'il n'avait osé lui en parler, se croyant indigne du sacerdoce, et incapable d'être curé, à cause de son ignorance. « Mais, ajouta-t-il, si l'on jugeait » que je pusse en cela rendre gloire à Dieu et » service au prochain, je serais prêt à obéir. »

Le Père l'assura que la conformité de leurs pensées était une marque évidente de la volonté de Dieu, et il l'engagea à se rendre à l'abbaye de Landevenec, de laquelle dépendait l'île de Sein, où, sur sa recommandation, les religieux l'instruiraient pour la prêtrise et lui apprendraient à faire toutes les fonctions curiales. François Le Sû y consentit; et cette nouvelle donna tant de joie à tous les insulaires qu'ils offrirent de payer la pension de leur capitaine, à Landevenec, jusqu'à ce qu'il fût leur recteur. Les Pères conduisirent, en effet, à l'abbaye de Landevenec le bon capitaine, et les religieux se chargèrent de le disposer au sacerdoce.

Peu de temps s'était écoulé, lorsque le P. Maunoir, alors à Quimper, vit venir à lui le

capitaine. « Mon Père, lui dit ce brave homme,
» les religieux qui m'ont instruit m'ont dit que
» j'en sais assez pour recevoir les ordres. Je
» viens donc, sur leur parole, vous prier de
» me présenter aux grands-vicaires, qui gou-
» vernent le diocèse, en attendant que Mgr du
» Louet soit sacré, et d'obtenir d'eux un di-
» missoire pour que je puisse recevoir les
» ordres sacrés. »

Le Père reçut-il à ce moment quelque lumière d'en haut? Le fait est qu'il ne parut pas surpris de voir l'ordinand, ni de la prière qu'il lui faisait. Au contraire, comme ce bon matelot était venu en habit de pêcheur, avec son bonnet bleu et son jupon de toile, et ayant un sac roulé autour du bras, le Père le fit mettre en habits plus convenables, et lui dit qu'il pouvait aller se présenter lui-même, sûr que Dieu l'assisterait.

Le bon homme alla tout droit parler aux grands-vicaires; il leur raconta, avec simplicité, ce qu'il avait fait jusque-là et ce qu'il désirait faire désormais. Les grands-vicaires eurent envie de rire en voyant qu'un homme, qui avait été pêcheur toute sa vie, aspirait à la prêtrise pour se faire recteur. Ils lui demandèrent où il avait fait ses études. Il leur répondit naïvement : « J'ai passé quatre ans à Léon, où j'ai » appris la langue française ; et j'ai fait toutes » mes études dans un petit livre qu'on appelle » le *Codret*, et dans un autre qu'on nomme les » *Sentences de Caton.* » Sur quoi le pêcheur fut renvoyé à sa barque et à ses filets, comme incapable du sacerdoce.

La Providence voulut qu'en sortant il rencontrât le P. Pinsart, dominicain, théologal de la cathédrale. Cet homme de mérite et de piété l'arrêta, et ayant su de lui tout le détail de sa vocation, il le fit rentrer à l'évêché. Il représenta aux grands-vicaires que, puisqu'il s'agissait de donner un prêtre à l'île de Sein, où aucun ecclésiastique ne voulait aller, on pouvait passer par dessus les règles ordinaires, et qu'il ne fallait pas renvoyer à la légère un homme qui semblait être envoyé de Dieu. On se mit donc à l'interroger. On lui présenta le Missel, et étant tombé sur l'évangile où saint Pierre confesse la divinité de Jésus-Christ, et où Notre-Seigneur promet à saint Pierre de lui donner le gouvernement de son Église, François Le Sû en fit la lecture sans hésiter, et en marquant bien les points et les virgules, ce qui plût beaucoup aux examinateurs. Ils lui firent ensuite traduire en français tout ce qu'il venait de lire. Il le fit avec tant d'aisance et d'exactitude, que, tout étonnés, ils convinrent qu'il y avait alors dans le diocèse bien des recteurs qui n'auraient pas pu en faire autant. Ils lui proposèrent aussi quelques cas de conscience dont il se tira encore fort bien. Ils lui donnèrent alors avec justice le dimissoire qu'ils lui avaient d'abord refusé par prévention.

Le P. Maunoir envoya François Le Sû recevoir les ordres dans l'évêché de Léon. Ainsi de capitaine de l'île de Sein, il en devint le pasteur; et, quoique appelé à la vigne du Seigneur, à la onzième heure, il laissa bien loin derrière lui les ouvriers qui avaient été employés les premiers. Car, après avoir gouverné pendant sept ans, en édifiant ses paroissiens, dont il avait toute l'estime et l'affection, il mourut en odeur de sainteté, remerciant Dieu de ce qu'il pouvait laisser son cher troupeau entre les mains d'un de ses neveux, que le P. Maunoir avait fait élever exprès, à Quimper, afin que l'île de Sein ne manquât plus de pasteur.

X

Le Père étend le champ de ses missions. — Dangers qu'il court. — Sa confiance en Dieu. — Sa prudence. — Sa patience.

Cependant la réputation du P. Maunoir commençait à s'étendre en dehors de la Cornouaille et du Léon (pays correspondant au département du Finistère). Dès le commencement de 1642, Mgr Hector Douvrier, évêque de Dol, lui recommandait l'instruction religieuse des paroisses reculées de son diocèse. Choisissant toujours de préférence les lieux où les besoins étaient plus pressants, les deux missionnaires se rendirent à l'île de Bréhat, près de Paimpol, dont ils transformèrent complétement la population, au reste admirablement disposée à renoncer à son ignorance vraiment étonnante, et aux vices qui en sont la suite.

Ils transformèrent également la paroisse de Lanevez, et deux autres paroisses voisines qui dépendaient du même diocèse.

Mais le bien ne se fait jamais sans que le démon et les mauvaises passions des hommes n'essaient de l'entraver. A Lanevez, on prit les Pères d'abord pour des espions des Anglais, ensuite pour des sorciers. On ne pouvait s'expliquer autrement la facilité prodigieuse avec laquelle ils apprenaient aux enfants les beaux cantiques spirituels. Sans l'intervention du prieur de l'abbaye de Beauport, les habitants de Paimpol eussent emprisonné les Pères comme magiciens.

Une autre fois, le Père Maunoir prêchait Plouzevet, au milieu de la grande place, l'é glise étant trop petite pour la foule énorm qui l'entourait. Tout à coup un homme, qu était à une fenêtre voisine, dit qu'il allait abré ger le sermon, et prenant un pistolet, il le tir en visant la tête du prédicateur. Par bonheur le Père ne fut pas atteint, une balle lui enlev son bonnet de sur la tête; les autres balles n blessèrent personne, mais ne firent que perce seulement les coiffes de deux femmes et effleu rer légèrement la peau d'un des auditeurs Le Père, sans témoigner aucune émotion, al lait continuer son sermon, lorsqu'il s'aperçu que l'assassin rechargeait son pistolet. Sa cha rité lui inspira alors le moyen tout à la foi d'empêcher le meurtrier de consommer so crime et de sauver ce furieux. Il dit à son auditoire qu'il achèverait une autre fois son discours, et il alla se mettre à la porte de la maison d'où l'assassin avait tiré, pour en défendr l'entrée à la foule indignée, qui demandait l criminel. Il représenta aux plus animés qu l'action qu'ils voulaient punir ne pouvait pa être volontaire, mais bien l'effet d'une évidente obsession; qu'il n'était point naturel qu'un homme se portât de lui-même à tuer un missionnaire duquel il n'avait reçu aucun déplaisir; que c'était au démon qu'il fallait s'en prendre, et que, contre cet ennemi, toute vengeance leur était permise. Il apaisa ainsi cette multitude justement indignée. Il empêcha aussi toute procédure et toute poursuite, et fit si bien qu'il sauva la vie à celui qui venait d'attenter à la sienne. C'est ainsi que se vengent les saints.

Bien d'autres fois encore, le Père fut sur le point d'être martyr de son zèle. Mais loin de craindre de perdre la vie au service de Dieu et des âmes, il brûlait du désir de répandre son sang pour Celui qui nous a rachetés au prix du sien. Pendant une mission qu'il faisait dans la paroisse de l'Operchet, la fête de saint Jean-Baptiste tombant justement en ces jours, le Père conduisit en procession la foule de ses auditeurs à une chapelle dédiée à ce saint précurseur. Mais au moment où arrivaient les enfants qui précédaient la procession en chantant les cantiques, ils se trouvèrent en présence d'une troupe de pèlerins qui, comme cela arrivait trop souvent en Bretagne, se disposaient à danser. Déjà même les hautbois jouaient un air de danse. Alors les petits chanteurs redoublant d'énergie couvrirent entièrement le son des instruments profanes et empêchèrent ainsi danse de commencer. Le Père alors monta sur la première marche d'une grande croix q était devant la chapelle, voulut prêcher peuple, lorsqu'un hautbois, furieux de ce qu'c lui faisait perdre sa journée, fendit la fou pour arracher le Père de sa place et pour jou au même endroit où il voulait prêcher. C arrêta ce furieux. Mais au même moment u homme, qui préférait la danse à la prédicatio s'écria qu'il allait enfiler le prédicateur et croix avec son épée ; ce fut son expression. C furieux était connu pour ses meurtres, et to récemment il avait tué deux hommes. Mais so que son bras devînt immobile, soit que so épée s'embarrassât dans le fourreau, il ne p la tirer qu'à demi, et le Père eut le temps de l désarmer. On se saisit aussitôt de sa personn et on l'éloigna ; après quoi le Père remonta su la même marche de la croix qu'auparavant, et prêcha aussi tranquillement que si rien ne fû arrivé. Le Père ajoute à ce propos : « Je ne dé sarmai pas tant cet homme par l'appréhensio de la mort que par la crainte que j'eus de voi offenser Dieu. Car l'offense de Dieu à part j'aurais eu beaucoup de joie d'avoir ce rappor avec saint Jean-Baptiste, que la danse aurai été l'occasion de ma mort, comme elle l'avait été de la sienne. »

Au reste, l'humilité du P. Maunoir était si parfaite, qu'il pensait que toutes les traverses et les persécutions les plus injustes étaient de justes punitions de ses péchés, et tous les succès de ses missions, de pures grâces de la libéralité divine. En fait de bonnes œuvres, il ne se croyait capable de rien, sinon de tout gâter, et il a toujours paru très-sincèrement convaincu que les missions qui devaient le mieux réussir étaient celles où il n'était pas.

Mais, si le Père ne se croyait capable de rien par lui-même et avec ses seules forces, il se croyait capable de tout avec le secours du Tout-Puissant, en qui seul il mettait sa confiance. Aussi dès qu'une entreprise lui paraissait devoir procurer la gloire de Dieu, il la commençait et la poursuivait avec une prudente énergie et avec une persévérance invincible ; et les difficultés qu'il rencontrait dans l'exécution ne servaient qu'à accroître sa confiance et son courage.

Aussi la Providence ne trompa jamais cette confiance héroïque de son serviteur, et fournit abondamment tout ce qui fut nécessaire aux immenses entreprises qu'il mena à bonne fin.

Si la Providence ne manqua jamais au P. Maunoir, on peut dire que de son côté il ne manqua jamais à la Providence. Il entrait dans toutes ses vues et les suivait avec une prudence, une sagesse et une patience admirables.

Quelle prudence et quelle circonspection ne lui fallut-il pas pour vaincre les préventions et souvent l'hostilité de tous ceux dont il avait besoin dans son ministère de missionnaire ? Sa patience n'était pas inférieure à sa prudence. « Avec le secours du ciel, lit-on dans ses résolutions du noviciat, j'aurai une patience invincible et capable de tout vaincre. » En effet, ni les contre-temps les plus fâcheux, ni les calomnies les plus atroces, ni les plus cruelles persécutions ne purent jamais lui arracher le moindre signe d'impatience ni le faire sortir en rien de sa modération habituelle. Aussi *par sa patience il possédait son âme* dans une paix inaltérable. Pendant les quarante-deux ans qu'il a été exposé aux regards de tout le monde, dans le cours de sa vie apostolique, on lui a toujours vu le même visage, la même douceur et une parfaite égalité d'humeur. Il dit un jour au P. Martin qu'il ne connaissait qu'une seule chose qui pût lui faire de la peine, c'était si l'on venait à empêcher et à proscrire les missions ; mais que dans une occasion si triste, il croyait que Dieu lui donnerait la force de bénir sa sainte volonté et de conserver la paix de l'âme, quand même ce malheur serait arrivé par sa faute ; « parce » qu'en ce cas-là, disait-il, je m'humilierais » devant Dieu, je lui demanderais pardon avec » beaucoup de confiance, mais sans aucun » trouble. »

On peut dire que c'était le spectacle de toutes les vertus héroïques qui brillaient dans le P. Maunoir, que c'était, dis-je, la vue et l'attrait de sa sainteté qui faisaient tant d'impression sur les hommes, bien plus que ses talents de prédicateur, quelque grands qu'ils fussent. La sainteté des apôtres a toujours été le grand levier dont s'est servi le Saint-Esprit pour ébranler les hommes et les convertir. Aussi rien ne résistait à ce saint missionnaire. En un mois de travail il instruisait et changeait entièrement la population la plus ignorante et la plus vicieuse. Ces hommes superstitieux, libertins, ivrognes, voleurs, emportés, blasphémateurs et vindicatifs, il les rendait dévots et fidèles observateurs de la loi de Dieu, sobres et chastes ; si ennemis du blasphème qu'ils se punissaient lorsqu'il leur échappait le moindre jurement ; si détachés de l'avarice et de l'injustice, que les aumônes et les restitutions qu'ils faisaient dans le temps présent répondaient de leur justice et de leur charité pour l'avenir ; si doux et si portés à pardonner, que ceux mêmes qui avaient été offensés cherchaient les premiers leurs ennemis et les embrassaient en pleine rue ; enfin si dégagés de leurs mauvaises habitudes qu'ils demandaient au Père des remèdes contre leurs rechutes, et s'en servaient régulièrement.

Par là toutes les mauvaises coutumes étaient abolies, toutes les occasions prochaines de péché étaient supprimées. Plus de danses, plus de chansons déshonnêtes, plus d'assemblées nocturnes, plus de débauches. On passait à l'église et au service divin le temps qu'on avait l'habitude de donner au cabaret et au jeu. Ceux qui auparavant ne priaient point Dieu avaient soin que leurs enfants et leurs domestiques le priassent ; et eux-mêmes leur faisaient la prière le soir et le matin. On voyait approcher fréquemment du confessionnal et de la sainte Table des personnes, qui, avant la mission, à peine le faisaient une fois l'an. Des gens qui ne s'étaient point parlé depuis plusieurs années se réunissaient alors à la même table, d'autres qui se voyaient trop auparavant ne se voyaient plus du tout ; les personnes puissantes traitaient doucement leurs vassaux, payaient les gages de leurs domestiques et toutes leurs autres dettes. Les domestiques ne volaient plus leurs maîtres... Enfin les mœurs de toute une ville et de tout un canton étaient entièrement changées, et ce changement était tellement durable qu'il a subsisté jusqu'à ces derniers temps. Malheureusement l'esprit révolutionnaire et antichrétien commence à corrompre peu à peu notre pieuse Bretagne. Les mauvais livres et les journaux impies et frivoles, l'amour du bien-être et de la toilette, la conscription qui fait passer toute la jeunesse valide du foyer de la famille à la vie trop souvent démoralisante de la caserne, le nombre des cabarets démesurément accru, la dépopulation des campagnes au profit des grandes villes dotées de travaux de luxe excessifs, telles sont les principales causes qui font baisser rapidement le niveau de la religion et de la moralité dans notre chère Bretagne. Cependant le dévouement avec lequel cette terre encore profondément catholique a prodigué au Saint-Siége menacé son sang et son or, nous fait espérer pour la foi de cette terre que n'a jamais pu infecter l'hérésie. Vaillant apôtre de la Bretagne, veillez sur votre patrie du haut du ciel !

XI

Union continuelle du P. Maunoir avec Dieu.

Il ne faudrait pas croire que les travaux immenses, que coûta pendant quarante-deux ans au P. Maunoir la conversion de la Bretagne, que ces occupations prodigieuses aient interrompu son union avec Dieu. Sauf pendant son sommeil, on peut dire qu'il priait tout le jour. Il répondit à l'un de ses missionnaires qui se plaignait qu'il leur faisait réciter l'office en marchant par les rues, où le bruit des passants troublait l'attention : « Est-ce que la présence et la majesté du Dieu que vous priez ne fait pas plus d'impression sur votre esprit que la présence et le tumulte des hommes? Sachez que pour des missionnaires tous les lieux sont propres à faire la prière. Pour moi, par la miséricorde divine, je suis aussi recueilli dans la rue que dans ma chambre, et nul de nos exercices et de nos occupations ne trouble le commerce de cœur et de pensée que j'entretiens sans cesse avec Dieu... Dieu m'a fait la grâce de l'aimer toujours d'un amour habituel, même au milieu de mes plus grandes occupations. » Comme son ami lui témoigna quelque étonnement d'une chose si extraordinaire, le Père lui répondit avec chaleur : « Quoi ! un homme passionné pour une beauté mortelle portera partout l'objet de sa passion ; il en sera toujours occupé, même en son absence, dans le tumulte du monde, quoique peut-être elle ne pense pas à lui, ou même qu'elle lui soit infidèle ; et vous vous étonnez qu'un Dieu éternel, avec toutes ses perfections infinies, fasse le même effet sur moi que font sur un homme profane les faibles attraits d'une chétive créature, qui sera bientôt la proie de la mort ! Vous serez surpris que j'aime sans cesse un Dieu qui m'a aimé le premier, et qui ne cesse point de m'aimer ; que je pense à lui lorsque j'exécute ses ordres, et qu'il me fait part de ses plus grandes grâces ! »

Il avoua en même temps que, selon la prédiction que lui avait faite M. Le Nobletz, les embarras de l'action ne lui faisaient point perdre les avantages de la contemplation, et que c'était dans la chaire et au confessionnal que Dieu se communiquait davantage à lui et l'éclairait de ses plus vives lumières. Aussi très-souvent lorsqu'il prêchait il semblait regarder au-dessus de sa tête une personne qu'il paraissait écouter, comme si Dieu lui-même lui suggérait les vérités que son prédicateur annonçait aux hommes.

On ne peut au moins révoquer en doute ce qui arriva à Douarnenez, le 7 juin 1672. Au milieu de son sermon, le Père s'arrêta tout à coup, fit mettre à genoux tous ses auditeurs, et les fit prier Dieu pour l'heureux succès de la bataille navale que les flottes combinées de France et d'Angleterre livraient à ce moment dans la Manche à la flotte hollandaise. Il recommanda aussi à tout le monde de prier Dieu tout particulièrement pour les marins de Douarnenez qui servaient sur notre flotte. Ensuite ému d'un saint zèle mêlé d'inquiétude, il se mit lui-même à genoux dans la chaire, et chanta d'un air tout transporté une strophe de vers bretons qu'il composa sur le champ pour implorer le secours de la sainte Vierge, et que tout l'auditoire chanta après lui. Cette prière finie, il apprit avec joie à ses auditeurs que Dieu jusque-là avait conservé les matelots de Douarnenez, dont pas un n'avait encore reçu de blessure. Mais il ajouta que, le danger continuant, il fallait toujours demander à Dieu qu'il les protégeât jusqu'à la fin. Il reprit ensuite son sermon, et l'interrompit encore plusieurs fois pour exhorter tout le monde à prier davantage, comme s'il eût vu croître le danger de leurs compatriotes.

A quelques jours de là, on apprit la victoire navale prédite par le Père. On vit, par le détail du combat, que le feu avait été le plus violent précisément pendant que le Père était en chaire, et qu'alors les marins de Douarnenez couraient le plus de danger, parce que les vaisseaux sur lesquels ils servaient étaient aux prises avec les navires ennemis. Enfin, ces matelots écrivirent eux-mêmes que par la grâce de Dieu aucun d'eux n'avait été blessé.

Un autre fait que le Père rapporte lui-même montre que Dieu l'éclairait surnaturellement au confessionnal comme en chaire. Un jour qu'il confessait, entouré d'une foule de pénitents, il quitta une personne avant qu'elle eût achevé sa confession, et sortit brusquement de l'église pour aller au-devant d'un pénitent qui avait besoin d'un secours extraordinaire. Cet homme, en effet, était fort combattu intérieurement et ne pouvait se décider à se confesser de certaines fautes secrètes qui l'embarrassaient. Mais une chose que le Père lui dit à l'oreille, en l'abordant, lui fit voir que le saint missionnaire savait l'état de sa conscience; il n'eut alors plus de peine à avouer au Père ce que Dieu lui-même lui avait appris.

Si les occupations extérieures ne nuisaient

nullement à la parfaite union du P. Maunoir avec Dieu, son recueillement était encore plus grand quand il vaquait à la prière. Dieu alors le possédait tout entier, et l'on a souvent remarqué que lorsqu'il priait, même au milieu de la campagne, il était tellement absorbé en Dieu qu'il ne voyait et n'entendait rien de ce qui se passait autour de lui.

Un des amis intimes du Père le rencontra un jour sur la route de Vannes, et, voyant que le Père, qui était à cheval, avait le visage tout en feu, le corps immobile, les yeux grands ouverts, mais fixes et sans regard, il comprit que le saint missionnaire était en contemplation. Il n'osa l'arrêter, de peur de troubler sa prière, et se contenta de passer fort près de lui pour voir s'il en serait aperçu ; mais le Père ne le vit point du tout ; Dieu épuisait toute son attention.

Mais c'était surtout à l'autel que les saintes délices de son union avec Dieu, présent et possédé réellement, enivraient son âme et se répandaient jusque sur son corps, y portant la joie et un ravissement extatique qui se révélaient par l'ardeur de son regard et le son de sa voix. Aussi, en descendant de l'autel, il avait le visage si rouge et si enflammé, que souvent ceux qui lui parlaient à ce moment sentaient en eux-mêmes l'ardeur du feu qui l'embrasait, et croyaient le voir entouré de flammes et de lumière.

Quoique la prière fùt pour le P. Maunoir une source de délices, il la quittait sans balancer pour travailler au salut du prochain; car on ne peut aimer Dieu sans aimer par là même nos frères, qu'il aime au point d'avoir répandu tout son sang pour chacun d'eux. Aussi le zèle du P. Maunoir pour le salut de ses frères a-t-il correspondu à son immense amour pour notre Père céleste. Toute sa vie en rend témoignage. Ses courses seules sont vraiment prodigieuses.

Comme il allait faire mission selon les besoins présents et l'appel qu'on faisait à son zèle, il lui arrivait souvent de prêcher en janvier près de Brest, en février près de Saint-Malo, en mars près de Nantes, et ainsi de suite; de sorte qu'il traversait plusieurs fois chaque année la plus grande partie de la Bretagne. Il a fait ainsi, en quarante-deux ans de missions, un chemin énorme.

Ces courses, il les faisait à pied, par tous les temps, aussi bien par les grandes chaleurs de l'été que par la pluie et la neige de l'hiver, par des chemins affreux, souvent dans la boue, dans l'eau jusqu'à mi-jambe, quelquefois la nuit au milieu des rochers et des landes d'ajoncs épineux. Mais quoique ces voyages fussent extrêmement fatigants, on peut dire du P. Maunoir, comme de saint François Xavier, que le moins qu'il faisait en voyageant, c'était de voyager. En effet, il faisait le catéchisme aux petits pâtres qu'il trouvait dans la campagne ; il entrait dans les châteaux qui se trouvaient sur sa route, non pour s'y reposer, mais pour porter les fruits de la grâce même à ceux qui ne les demandaient pas. Dans les villes et bourgs par lesquels il passait, il allait droit à l'église. Les enfants, le peuple, qui l'apercevaient, accouraient aussitôt et s'assemblaient sans qu'il fût nécessaire de sonner la cloche ; et alors le Père chantait des cantiques, instruisait, prêchait, confessait jusque bien avant dans la nuit, et quelquefois même la nuit entière ; et cependant il était souvent arrivé dans ce bourg, dans cette ville, harassé et trempé de pluie jusqu'aux os. Il continuait ensuite son chemin sans presque prendre de nourriture ni de repos, comme s'il se fût délassé en se fatiguant pour ses frères.

Pour donner du repos aux ecclésiastiques que nous allons voir se grouper autour de lui, il changeait ordinairement de missionnaires à chaque mission ; mais lui ne se donnait aucun repos, travaillait au moins dix mois de suite chaque année, le travail d'une mission succédant toujours aux fatigues d'un voyage, et les fatigues d'un voyage suivant toujours immédiatement le travail d'une mission. Chaque année il séjournait deux mois à Quimper *pour se reposer ;* mais la vie qu'il menait alors aurait été considérée non comme une espèce de repos, mais comme très-fatigante, si celle des missions ne l'avait pas été encore bien davantage.

Comment pouvait-il résister à de telles et si continuelles fatigues? Ce qui est impossible à l'homme réduit à ses seules forces, est possible avec le secours du Tout-Puissant. Au reste, les grandes maladies dans lesquelles le Père tombait de temps en temps, montraient qu'il sentait la fatigue comme un autre ; mais l'amour de Dieu et du prochain la lui faisait endurer avec une joie et une constance telles, qu'on aurait pu croire qu'il ne la sentait pas. Ajoutons que Dieu rendit plusieurs fois la santé à son missionnaire d'une manière miraculeuse. Ainsi, comme le Père faisait mission dans la paroisse de Plounevez-Porzé, il tomba malade et il fallut le transporter à Douarnenez. Le

Père dit alors à la bonne veuve chez laquelle il logeait, de demander à Dieu qu'il guérît pour pouvoir retourner à sa mission. Cette pieuse femme s'unit à deux autres veuves d'une grande vertu, et elles demandèrent à Dieu de leur envoyer la maladie de son missionnaire, en séparant en trois parts, dont chacune d'elles aurait la sienne, tout le mal que le Père devait endurer. Leur prière si naïve et si charitable toucha le cœur du Dieu qui est Charité : la fièvre les prit toutes les trois presque en même temps ; chacune en eut au moins deux accès, et le soir même que commença leur premier accès, le Père se trouva si bien guéri, que le le lendemain il retourna reprendre son travail. Ce miracle est rapporté par le Père lui-même et a été constaté juridiquement.

A Quimperlé, le Père, par suite du froid et de l'excès de travail apostolique, fut atteint d'une pleurésie qui le réduisit en peu de temps à l'extrémité. On lui donna le Viatique. Ce pain de vie le préserva de la mort. Le malade n'eut pas plus tôt reçu la sainte Eucharistie, qu'il se trouva sans fièvre, sans mal de côté et hors de danger. Quelques jours après, il fut parfaitement rétabli. Le Père avoua plus tard que Notre-Seigneur seul fut son remède dans cette circonstance, et qu'il lui accorda des faveurs intérieures bien extraordinaires.

XII

Utilité de la lecture de la vie des saints très-parfaits. — Mgr. du Louet. — Misères et traverses.

Cher lecteur, permettez-moi de vous adresser ici une question que vous ne trouverez pas trop indiscrètre, je l'espère. Ne seriez-vous point du nombre de ces chrétiens qui prétendent lire sans grand fruit pour leur avancement spirituel l'histoire des serviteurs de Dieu dont la sainteté trop parfaite ne leur offrirait pas un modèle assez à la portée de leur faiblesse ?

Nous vous prierons de remarquer que Notre-Seigneur dit dans l'Évangile : « Soyez parfaits comme votre Père céleste est parfait. » Voilà certes un modèle autrement parfait que le saint le plus accompli ; et cependant Dieu lui-même nous ordonne de l'imiter, autant, bien entendu, que la faiblesse humaine le permet.

Puis, l'Église ne nous invite-t-elle pas très-instamment à étudier, pour nous exciter à les imiter, la vie de la sainte Vierge, de saint Joseph, de saint Jean-Baptiste et des autres saints dont la perfection est incomparable? Ah! c'est que ce que Dieu demande du plus faible d'entre nous ce n'est pas d'essayer l'imitation des choses extraordinaires, des grandes austérités, des extases, des miracles, etc., etc., que nous offre la lecture de ces vies admirables; ce qu'il demande de nous c'est de nous essayer à l'imitation des vertus qui nous sont aussi nécessaires qu'aux plus grands saints, leur humilité, leur douceur, leur charité, leur patience, etc. La sainteté consiste tout entière dans la parfaite correspondance aux grâces que Dieu distribue à chacun, dans sa sagesse infinie. Les grands saints ont reçu des grâces très-grandes; nous, nous en recevons de beaucoup moindres (si l'on peut ainsi parler des dons de Dieu dont le plus petit est infiniment précieux en lui-même); les saints ont parfaitement correspondu aux grandes grâces reçues, et sont devenus de grands saints; correspondons parfaitement aux grâces moindres que nous recevons et nous deviendrons aussi des saints, des petits saints, sans doute; mais enfin le plus petit dans le ciel est bien heureux et le sera éternellement. Pour moi, cette lecture me couvre d'une salutaire confusion et me presse vivement de profiter moins mal chaque jour de cet océan de bonnes pensées, de bons désirs, de sacrements, etc., etc., que Dieu prodigue à tous les heureux enfants de son Église.

Mais reprenons le récit des grandes choses que Dieu opérait par le P. Maunoir. En 1643, trois ans seulement après qu'il avait commencé ses missions, il fut appelé par Mgr du Louet, le nouvel évêque de Quimper. Ce prélat, l'un des plus distingués qui aient occupé le siége de saint Corentin, avait compris la nécessité de réformer le peuple et le clergé, et il voyait dans les missions une œuvre inspirée par Dieu même comme le moyen le plus efficace de ramener les populations à la connaissance et à la pratique de leurs devoirs. Ayant donc assemblé son clergé en synode, il voulut que le P. Maunoir, dont il appréciait tout le zèle et la capacité, prononçât le discours d'ouverture; et profitant de l'impression qu'avait faite sur l'assemblée l'éloquence tendre et pathétique du prédicateur, il le recommanda à tous les recteurs de son diocèse, comme un homme suscité de Dieu pour faire revivre en Bretagne l'antique piété ; il déclara qu'il l'autorisait à prêcher partout, et qu'il l'enverrait spécialement dans les paroisses pour préparer les peuples à ses visites pastorales.

Ce zélé prélat n'encourageait pas seulement

les missionnaires par ses paroles; on le vit toute sa vie visitant continuellement son diocèse, marchant toujours à pied, ne craignant aucune fatigue, aucun danger. Fort souvent il se joignait au P. Maunoir dans ses missions, et se livrait à tous les travaux de la mission avec une ardeur admirable. Pour l'engager à une si bonne œuvre le Père lui disait que jamais le roi n'était mieux servi, ni plus glorieux que lorsqu'il commandait ses armées en personne, que sa présence donnait du cœur aux officiers et aux soldats.

Dès ce moment l'action du P. Maunoir devint à la fois plus facile et plus puissante. Il eut cependant encore à lutter contre bien des tracasseries locales, à subir d'étranges humiliations, parfois même d'opiniâtres résistances de la part de ceux même qui auraient dû montrer le plus d'ardeur à favoriser l'exercice de son zèle. Mais la douceur inaltérable du P. Maunoir triomphait de tous les obstacles. Quand le recteur refusait de le recevoir, il ne se déconcertait nullement. Voici un trait qui donne une idée de la manière dont il s'y prenait. Ayant commencé un dimanche une mission dans une paroisse, il prêcha et confessa sans discontinuation jusqu'à midi. A la sortie de l'église il dit au

P. Bernard : « Allons dans les villages voisins voir si nous trouverons quelque nourriture. » Ils entrèrent chez des paysans qui mangeaient avec du gros sel, sans huile ni vinaigre, de grandes feuilles de laitue. Ces bonnes gens invitèrent les Pères à prendre part à leur maigre repas ; et comme ceux-ci mangèrent de bon appétit et remercièrent affectueusement leurs hôtes, ces paysans, venant à vêpres et aux instructions du P. Maunoir, racontèrent aux autres ce qui s'était passé. Cela encouragea d'autres de ces bonnes gens, qui virent que les missionnaires n'étaient point du tout difficiles et mangeaient tout ce qu'on leur offrait. Tous les jours quelqu'un avait compassion d'eux et venait les prendre à la sortie du confessionnal pour leur donner un repas qui aurait paru fort dégoûtant à des personnes sensuelles, car les paysans bretons étaient alors fort malpropres et se nourrissaient fort mal. De la galette de blé noir, ou de la bouillie, du pain noir, du beurre et de l'eau, c'était suffisant pour ne pas mourir de faim, mais peu fait pour soutenir dans de grandes fatigues.

Au reste, Dieu accordait d'ordinaire ses plus grandes bénédictions aux missions qui imposaient aux Pères les plus grandes mortifications, et dans lesquelles ils avaient à vaincre le plus d'oppositions et de difficultés. On ne cite qu'une seule paroisse qui ait su rendre inutile tout le zèle du P. Maunoir. A son arrivée à Saint-Gildas, personne ne voulut le loger. Il fut réduit à passer trois nuits, avec le P. Bernard, sous un escalier et sur la paille qui avait servi longtemps à un pauvre mendiant. L'hôtesse qui les logeait ainsi (si l'on peut toutefois dire que c'était là les loger), l'hôtesse leur apporta pour leur souper le premier soir des œufs couvés et un morceau de pain fort noir, avec du vin si aigre qu'on n'en pouvait boire. C'était un vrai régal pour ces vrais ministres de Jésus crucifié ; et, si avec cela quelqu'un fût venu aux instructions, ils auraient été très-contents. Mais l'église resta vide, et les missionnaires n'eurent en cette paroisse que le plaisir de souffrir.

XIII

Missions de Saint-Mayeuc, de Mûr, etc. — Succès extraordinaire.

Nous ne suivrons pas le P. Maunoir dans toutes ses courses apostoliques. Ce que nous avons vu donne une idée de la manière dont il réussissait à instruire et convertir ce pauvre peuple breton. Voici encore quelques traits caractéristiques.

Le Père arriva pour faire mission à Saint-Mayeuc. On ne faisait jamais aucune instruction dans cette paroisse, et les jeunes gens avaient l'habitude, dès que les vêpres étaient finies, de se mettre à danser jusque bien avant dans la nuit. Lors donc que le Père monta en chaire immédiatement après vêpres, pour ouvrir la mission, toute la jeunesse sortit de l'église et s'enfuit vers la forêt voisine pour danser. Le Père, transporté de l'esprit de Dieu, se mit à courir après les fuyards. Le P. Bernard, auquel le zèle rendit l'agilité de la jeunesse, courut avec le P. Maunoir; et tous deux, pour arrêter cette jeunesse affolée de plaisir, entonnèrent un cantique spirituel. Ce chant si nouveau arrêta les derniers fuyards. Surpris agréablement par l'air du cantique, ils voulurent entendre les paroles et revinrent sur leurs pas. Ils furent suivis de ceux qui les précédaient, et les plus éloignés, entendant un chant confus, crurent qu'on allait danser et accoururent de toutes leurs forces. Ils furent charmés comme les autres de ces chants si pieux. Le prédicateur, qui vit tous ses auditeurs rassemblés, leur dit un mot de Dieu avec cette douce onction à laquelle il n'était pas possible de résister, et, sentant bien qu'on était disposé à le suivre, il ramena toute la troupe à l'église, où il fit une instruction mêlée de chants qui dura trois heures; et la manière dont il fut écouté répondit du succès de cette mission; il fut en effet complet.

Le Père fit sa dernière instruction devant une si grande multitude de personnes, groupées dans une grande plaine bordée d'arbres, que, tout le monde voulant le voir et l'entendre, plusieurs montèrent sur les arbres voisins du prédicateur. Au milieu du sermon, un arbre trop surchargé se rompit sous les pieds des uns et sur la tête des autres, sans que personne fût blessé et sans que l'attention en fût interrompue, tant elle était grande.

Le Père développait alors cette doctrine de saint Paul, que les pécheurs renouvellent la passion de Jésus-Christ et crucifient de nouveau le Fils de Dieu dans leurs personnes. Pour imprimer plus profondément dans les cœurs cette doctrine si touchante, il éleva tout à coup un crucifix aux yeux de ses auditeurs, et, leur montrant Jésus-Christ attaché à la croix : « Voyez, s'écria-t-il, reconnaissez votre ouvrage! » Alors tout l'auditoire se prit à pleurer et à sangloter; il fallut que le prédicateur s'arrêtât. Le Père voulut plusieurs fois reprendre son discours; mais les sanglots et les cris de douleur ne le permirent pas. Du reste, nulle prédication ne pouvait mieux réussir que celle-là.

Lors de la première mission à Plougastel-Daoulas, il se fit un si grand concours de peuple, qu'il n'y avait ni assez de maisons pour loger tout le monde, ni assez de pain pour le nourrir. Les habitants de l'endroit partagèrent avec ceux du dehors leurs maisons et leurs vivres; mais, quelque grande que fût leur charité, elle n'empêcha pas que plusieurs ne couchassent dans les rues et n'eussent pour toute nourriture, au moins les premiers jours, que le pain de la parole de Dieu. Les besoins de l'âme faisaient oublier les besoins du corps. Les uns passaient tout le jour à l'église pour pouvoir se confesser le soir, et les autres y passaient toute la nuit pour pouvoir se confesser le matin. Quelle charité héroïque ne fallait-il pas aux missionnaires, pour suffire à instruire et confesser tant de monde! Et il fallait être aussi fatigués qu'ils l'étaient, pour pouvoir dormir au bruit que faisaient toute la nuit tous ceux qui chantaient les cantiques spirituels.

XIV

Le P. Maunoir forme et exécute le projet de s'associer des coopérateurs.

« La vie apostolique du P. Maunoir se partage en deux parties bien distinctes. Pendant la première, de 1640 à 1650, nous venons de le voir travailler, seul avec son fidèle compagnon, le P. Bernard, à évangéliser la Bretagne. Dans le cours de ces dix années, il donna quatre-vingt-huit missions avec les fruits et les fatigues que nous avons vus. Nous arrivons à la seconde partie de la vie apostolique du P. Maunoir.

» Une pensée affligeait le zélé missionnaire : Que deviendrait après lui l'œuvre des missions? Les populations étaient ébranlées, la foi se ranimait de toutes parts, tous les évêchés bretons s'ouvraient comme un vaste champ au zèle des ouvriers évangéliques ; mais, en face d'un pareil labeur, que pouvait faire le zèle de deux hommes? Le Père se sentait inspiré à se former des coopérateurs, qui devinssent plus tard ses successeurs, afin de généraliser l'action bienfaisante des missions, d'en faire une institution stable, et d'empêcher ainsi que la Bretagne ne retombât dans son ignorance et sa corruption.

» D'un autre côté, il sentait que la réformation des peuples sans la régénération du clergé ne serait qu'un édifice sans fondement. Tout le mal provenait du défaut d'instruction et de zèle du clergé. Sans doute le mal avait déjà un peu diminué, grâce au zèle et aux travaux de M. Le Nobletz, grâce aussi à la vigilance des évêques; mais combien s'en fallait-il encore, pour que le clergé fût à la hauteur de ses devoirs! Or, le moyen le plus efficace de le ramener à la connaissance et à l'amour de ses fonctions, c'était de lui faire toucher au doigt, dans l'exercice des missions, les désastreux effets de l'incurie des pasteurs et les merveilles qu'opère la foi catholique, quand elle est présentée aux âmes avec la double autorité de la science et de la sainteté. Régénérer les prêtres séculiers par l'exercice du zèle apostolique, et leur faire reconquérir ainsi leur place dans l'estime des populations, telle fut la grande pensée du P. Maunoir, pensée divinement féconde, d'où sortit la rénovation complète de la Bretagne et cet ascendant extraordinaire qu'y conserve encore le clergé, malgré tous les ébranlements qui nous ont agités depuis le XVIIe siècle. » (M. l'abbé KERDAFFRET. — *Revue de Bretagne et de Vendée.*)

Comme tous les hommes de foi, notre saint missionnaire mûrit longtemps son projet. Il s'en entretint avec M. Le Nobletz, dont les lumières étaient si extraordinaires; il pria beaucoup, et attendit l'heure de la Providence.

En 1650, la circonstance du grand Jubilé ayant procuré un surcroît de fatigue aux deux missionnaires, le P. Maunoir tomba gravement malade. On profita de cette circonstance pour l'engager à se modérer. Mais ces conseils firent sur lui moins d'impression que l'étrange hardiesse d'une sainte veuve, « fort humble et fort simple d'elle-même, qui, l'arrêtant un jour en pleine rue, lui dit avec une autorité qui ne pouvait lui venir que d'en haut : « Pourquoi » faites-vous seul l'ouvrage de vingt mission- » naires? Que n'associez-vous des ecclésiasti- » ques à votre emploi? Vous auriez du secours, » Dieu y trouverait sa gloire, et le prochain » son salut. »

Le Père reçut cet avis comme venant de Dieu, et répondit que bientôt il lui viendrait des compagnons qui s'offriraient d'eux-mêmes. Voici comment cette prophétie s'accomplit.

M. Galerne, prêtre d'une grande piété, invita le P. Maunoir à venir prêcher dans la paroisse de Mûr, dont il était recteur, à l'occasion de la pose de la première pierre d'une nouvelle chapelle qu'il bâtissait sur le tombeau de saint Elouën.

Le Père prêcha ce jour devant le plus nombreux auditoire qu'il eût jamais eu. Par ce discours, il réussit à renouveler si bien l'ancienne dévotion envers saint Elouën, que son tombeau, négligé depuis quelques années, redevint aussi célèbre qu'autrefois. Cette prodigieuse assemblée, venant à se séparer après le sermon du P. Maunoir, porta au loin la nouvelle de ce qui s'était passé et réveilla le culte du saint anachorète ; de sorte qu'il se fit à sa chapelle un si grand concours de peuple, que le Père et son compagnon ne pouvant seuls confesser tout le monde, M. Galerne et six prêtres qu'il avait dans sa paroisse partagèrent leurs travaux. Ces bons prêtres, éprouvant par expérience ce que peuvent des missionnaires pour la gloire de Dieu et le bien du prochain, se sentirent tous portés intérieurement à se dévouer aux missions. M. Galerne alla se jeter aux pieds de l'évêque de Quimper, et le pria de lui permettre de se donner au P. Maunoir ; ce qui lui fut accordé. Les six autres prêtres, imitant leur recteur, obtinrent la même permission ; et tous ensemble vinrent immédiatement prier le P. Maunoir de les recevoir au nombre de ses compagnons, et de disposer d'eux, comme du P. Bernard, pour le salut des âmes.

Le Père les embrassa de tout son cœur, et, les recevant comme un présent du ciel : « Vous donnez, leur dit-il, un exemple qui va sanctifier tous les prêtres et sauver toute la Bretagne. Nous n'avons qu'une même fin, qui est la gloire de Dieu et le salut des âmes; nous n'avons qu'un même Maître, et nous n'aurons non plus qu'un même esprit et qu'un même cœur. Et, puisque vous le voulez, j'en userai avec vous comme avec le P. Bernard. Je l'aime comme mon frère, et je l'honore comme mon supérieur. »

Ainsi commença cette merveilleuse association, qui produisit un bien incalculable. Dans le commencement, il n'y eut qu'un petit nombre de prêtres assez courageux pour embrasser une vie si laborieuse ; mais peu à peu la grâce augmenta cette sainte phalange. Le P. Maunoir savait si bien employer ces ouvriers zélés, chacun selon son aptitude, et les animer par son exemple, qu'en deux ans on instruisit quatre-vingt mille personnes, on entendit plus de vingt mille confessions générales, il se fit au moins trois mille conversions extraordinaires, sans parler des réconciliations et des restitutions, qui furent sans nombre. Et tout cela fut le fruit de vingt-six missions seulement.

Avec quelle édification ne voyait-on pas se faire les compagnons obéissants de ce pauvre jésuite, non-seulement des jeunes prêtres, mais de vieux ecclésiastiques, des recteurs de paroisses considérables, des savants, des personnes constituées en dignité, de riches personnages! Tous, soumis comme des enfants au P. Maunoir, lui obéissaient avec la même ponctualité que s'ils avaient fait vœu d'obéissance.

Peu à peu le nombre de ces zélés missionnaires s'éleva à plus de mille. Le Père n'en prenait avec lui que vingt, trente, quarante ou cinquante au plus. Une lettre de lui les convoquait pour la mission au jour et au lieu où elle devait commencer. Ils passaient là trente jours dans une union parfaite. Puis le Père les envoyait se reposer, et recommençait immédiatement une autre mission avec des ouvriers frais, sans se donner de repos à lui-même. Par une particulière bénédiction de Dieu ces nombreux missionnaires conçurent pour le Père une vénération et un attachement si filial qu'un seul abandonna l'association. Le Père souffrit patiemment cette séparation pendant quelques années, à cause de quelques soupçons qu'on lui avait donnés contre cet ecclésiastique. Mais ayant reconnu que les torts qu'il lui attribuait n'étaient pas réels, il lui en fit ses excuses, et le pria de revenir ; ce qu'il obtint. Ils travaillèrent ensemble comme auparavant, et par cette réunion sincère qui continua toujours depuis ils édifièrent davantage le public que s'ils ne se fussent jamais séparés.

Le Père avait pour ses coopérateurs des égards, des soins pleins de la plus affectueuse prévenance. Lorsqu'en commençant la mission, il leur assignait à chacun leur emploi, il le faisait avec une douceur et une humilité qui les convainquait qu'il ne commandait que pour leur obéir à eux-mêmes, et pour leur procurer le mérite de l'obéissance. S'il se laissait déférer la direction de la mission, il observait cette parole de Notre-Seigneur : « Je ne suis pas venu pour être servi, mais pour servir. » Il servait en effet tout le monde, mais avec une bonne grâce, un air de bonté et de gaieté, qui mettait à l'aise ; mais aussi avec tant de dignité que cela augmentait encore l'amour et le respect qu'on avait pour lui.

Les amis des missionnaires se plaignaient un

peu au Père de ce que, ne se ménageant nullement, il ne modérait pas assez le zèle de ses missionnaires, dont plusieurs, par un excès de fatigue, faisaient de grandes maladies, perdaient leur santé et même la vie. Mais le Père répondait : « On tombe malade et l'on meurt dans l'oisiveté aussi bien que dans le travail. Au reste, il y a des cas pressants, où les soldats de Jésus-Christ doivent exposer leur vie pour la gloire et pour les intérêts de son royaume avec la même ardeur que nous voyons tous les jours nos soldats voler au péril pour soutenir la querelle de leur prince et l'intérêt de la patrie. Heureux ces fidèles ministres de l'Évangile, si en s'exposant ainsi, ils meurent au service du Roi de tous les siècles, qui les couronnera d'une gloire immortelle. »

Au reste, on ne peut exprimer quel bien était produit par cette association de tant de pieux prêtres. Leur concorde touchante, outre l'édification qu'elle donnait à tout le monde, apprenait aux prêtres d'une même paroisse à vivre bien ensemble et à s'unir pour les bonnes œuvres. Les exercices de la mission formaient les ecclésiastiques à la prédication, à la manière de faire bien le catéchisme et les autres fonctions pastorales. Retournés chez eux, ils s'unissaient à quelques prêtres du voisinage, ou appelaient quelques-uns des missionnaires et évangélisaient avec ardeur leurs paroisses et celles des environs. Ce fut ainsi que le P. Maunoir, par lui-même et par les ouvriers apostoliques qu'il avait formés, changea heureusement la face de la Bretagne.

XV

Détail des exercices de la mission.

Il faut lire dans le P. Boschet tout le détail d'une des missions du P. Maunoir. Avec quelle sage prévoyance le missionnaire ordonnait toutes choses, présidait à tout! Nous n'en pouvons ici dire que quelques mots :

« La veille du jour où s'ouvrait la mission et le jour même, on voyait arriver de tous côtés vingt, trente, quarante missionnaires, dont quelques-uns venaient de fort loin, plusieurs à pied, le bâton à la main, le bréviaire sous le bras, tous à leurs frais, et se privant des rétributions qui se faisaient durant ce temps-là dans leurs paroisses. C'était encore une chose bien édifiante de voir venir des paroisses d'alentour plusieurs processions fort nombreuses amenées par leurs recteurs.

» On ouvrait la mission un dimanche ou un jour de fête, par une procession que l'on faisait à la fin des vêpres. On y portait le Très-Saint-Sacrement. Puis le P. Maunoir montait en chaire, et lisait la bulle des indulgences, montrant tout l'avantage qu'il y aurait à les gagner, et la punition que mériteraient ceux qui mépriseraient une si grande grâce. Il annonçait ensuite l'ordre du jour des exercices de tous les jours de la mission. Il finissait en exhortant le peuple à la diligence et à l'assiduité ; il le faisait d'une manière si touchante que plusieurs qui étaient venus à cette cérémonie dans le dessein de s'en retourner ensuite chez eux, demeuraient pour assister à tous les exercices, chacun se logeant et se nourrissant comme il pouvait.

» Le soir, après le souper, le Père réglait l'heure de la messe de chaque missionnaire et tout ce qu'il aurait à faire pendant la mission. Puis, après avoir fait la prière en commun, l'on allait prendre quelques heures de sommeil.

» En toute saison les missionnaires se levaient à quatre heures, et le Père, qui était toujours le premier levé allait, la clochette à la main, les réveiller, en leur disant quelques mots de l'Écriture, par exemple : Voici le signal du grand Roi, réjouissons-nous ! On répondait : Allons et suivons-le avec joie ! Un quart d'heure après le Père retournait dans les chambres pour voir si personne ne s'était rendormi. Le dernier levé était condamné à lire pendant les repas ou à servir. Mais tout cela se faisait en riant et d'une manière qui contribuait autant à la joie qu'au bon ordre.

» A quatre heures, la cloche de l'église appelait tout le peuple à la prière, qui était faite par un des missionnaires. Pendant ce temps, le Père réunissait tous les missionnaires pour réciter ensemble leur office, après quoi l'on faisait la méditation. Le Père conduisait ensuite tous ses coopérateurs à l'église. Ils allaient deux à deux, récitant à deux chœurs le *Veni Creator*.

» Pendant que le Père disait la première messe, un prêtre expliquait cette sainte cérémonie, et faisait chanter un cantique sur ce sujet. Après la messe, il faisait faire l'action de grâces de la même manière.

» Immédiatement après l'action de grâces, le Père *portait Jésus-Christ en chaire*, selon l'expression de saint Chrysostôme, et tâchait de l'imprimer dans le cœur de tout son auditoire. Il commençait par une *conférence*, qu'il appelait ainsi parce qu'il conférait avec le peuple de tout ce qui concerne le salut, chacun pouvant l'interroger sur ses peines et ses doutes. Il apprenait ainsi l'ignorance, les superstitions, les mauvaises coutumes, les désordres et l'état de la paroisse. Le Père répondait à tout et satisfaisait ordinairement à plusieurs questions par une seule réponse.

» La *conférence* n'était qu'une disposition au sermon. La manière claire et précise dont le Père avait répondu aux doutes de son auditoire lui en avait concilié l'estime et la bienveillance, de sorte qu'exposant vivement le nombre et l'énormité de leurs fautes, selon les lumières qu'eux-mêmes venaient de lui donner, il ébranlait les uns, il convertissait les autres et donnait ordinairement, dès le premier sermon, de l'exercice à tous les confesseurs. Aussi allait-il les aider au sortir de la chaire.

« Alors on faisait sortir le peuple et on le délassait en lui apprenant à chanter les cantiques. Il rentrait à dix heures à l'église pour le second sermon, qui lui était donné par un des ecclésiastiques les plus éloquents. Après le sermon on distribuait au peuple la sainte communion ; et le Père, debout sur le marche-pied du grand autel, disposait les communiants à une si sainte action. Il leur faisait produire des actes de foi, de respect, d'amour, de repentir, de désir... en les interrogeant ainsi :

« Vous tous qui vous préparez à la communion, croyez-vous que vous allez recevoir réellement et véritablement le corps et le sang adorable de Notre-Seigneur Jésus-Christ? » — Tous répondaient : « Nous le croyons! »

... — « Mais, ne tremblez-vous pas en présence d'un Dieu si grand, si puissant et si saint? Vous, néant, ver de terre, malheureux pécheur que vous êtes, ne tremblez-vous point? quoi! les anges du ciel, tout saints qu'ils sont, tremblent devant cette Majesté infinie; et vous, malheureux coupables qui avez tant de fois mérité l'enfer, vous ne trembleriez point? » Le Père animait ces paroles d'un visage si enflammé, d'un ton si effrayant, que c'était avec vérité que tous répondaient : « Nous tremblons! »

— « Mais auriez-vous le cœur assez dur pour ne pas l'aimer, ce Dieu si bon, ce Dieu qui s'est fait enfant afin que vous l'aimiez, ce Dieu qui vous a créé, qui vous a racheté, qui a donné sa vie sur la croix pour vous, qui va vous donner son corps et son sang, vous ne l'aimeriez point? » Ces paroles étaient dites d'une manière si tendre et si pénétrante, que c'était encore avec vérité que tous répondaient : « Nous l'aimons! »

... « Si vous voulez que Dieu vous pardonne, il faut que vous pardonniez aussi à ceux qui vous ont offensés. » — « Nous leur pardonnons!.....

» Après leur avoir fait faire ainsi tous les actes avant la communion : « Oh! bien, concluait le Père, pour dernière disposition, chantons le cantique où sont contenus tous les actes que je viens de vous faire faire, et en les chantant, que votre cœur soit d'accord avec votre bouche. » Après le chant de ce cantique qui était très-touchant, les communiants venaient en bon ordre recevoir la sainte Eucharistie, avec une dévotion capable de charmer les anges, et qui ravissait tous les assitants.

Le Père faisait faire l'action de grâces en faisant encore chanter un cantique, qui exprimait admirablement les sentiments de foi, d'adoration, d'humilité, de reconnaissance, de protestation et de demandes. Puis chacun s'entretenait avec Dieu dans le silence.

A midi, au son de la clochette du Père, tous les missionnaires quittaient le confessionnal, allaient dire l'*Angelus* devant le Saint Sacrement; puis se retiraient deux à deux en récitant le *Te Deum* à deux chœurs, avec tant de modestie et de gravité que tout le monde en était édifié et que plusieurs avouaient que cette vue leur valait une prédication.

Après l'examen particulier sur le défaut dominant, et la récitation du *De profundis* et du *Benedicite*, on se mettait à table, et quelqu'un faisait pendant tout le dîner une lecture édifiante. En sortant de table, on faisait pendant une heure, par manière de récréation et de causerie, une conférence sur le sacrement de Pénitence.

Pendant cette heure de récréation pour les missionnaires, le P. Maunoir faisait le catéchisme au peuple ; et cet exercice lui paraissait si important qu'il ne s'en fiait qu'à lui-même. Il avait reçu de Dieu un talent merveilleux pour enseigner la doctrine chrétienne, au point que l'instruction de tout un canton était complète au bout d'un mois, et qu'il n'instruisait pas moins de cinquante mille personnes chaque année, et cela pendant quarante-deux années!

Les missionnaires revenaient à l'église toujours dans le même ordre, et rentraient au confessionnal, ainsi que le Père. Un ecclésiastique apprenait alors au peuple à dire le chapelet et le faisait réciter à deux chœurs. Puis il faisait sortir tout le monde, comme le matin, pour le défatiguer par le chant des cantiques entremêlé d'instructions. Puis venait le sermon du soir, suivi du salut du Saint-Sacrement, et de la prière du soir, qui n'était autre chose qu'un cantique contenant tous les sentiments avec lesquels un chrétien doit finir sa journée, y compris l'examen de conscience.

Rentrés à la maison, les missionnaires récitaient ensemble matines et laudes, et soupaient en écoutant une lecture ; puis pour se distraire utilement on faisait, sous la direction du P. Maunoir, une conférence sur la confession, qui apprenait parfaitement à chacun la manière d'user envers toute espèce de personnes du pouvoir le plus surprenant que Dieu ait donné aux hommes. En outre, on faisait exprès pour les prêtres du voisinage, deux fois par semaine, une conférence semblable.

Après la prière du soir, faite en commun à huit heures et demie, chacun se retirait en silence.

A la fin de la mission avait lieu la communion générale pour les âmes du purgatoire. Tout le monde avait déjà communié pendant la mission et gagné pour soi l'indulgence. Mais en Bretagne le souvenir des trépassés se conserve de la manière la plus touchante. Aussi le Père avait-il institué cette communion générale pour faire participer tous les chers défunts aux grâces de la mission. Pour étendre davantage ce bienfait, il avait soin de faire annoncer dans toutes les paroisses, à six lieues à la ronde, le jour où chacun pouvait ainsi délivrer une âme amie des feux du purgatoire. On voyait ce jour-là accourir des foules énormes. Ainsi à la mission de Landivisio, sept prêtres à la fois distribuèrent le corps de Notre-Seigneur, depuis six heures du matin jusqu'à trois heures du soir. Trente mille hosties furent consommées en ce jour heureux pour les âmes souffrantes.

Les missions se terminaient toujours par la grande procession, qui représentait au naturel ce qu'il y a de plus émouvant dans le christianisme, la Passion de Notre-Seigneur.

Dieu lui-même intervint maintes fois dans le succès de ces touchantes processions. Ainsi, en terminant la mission de Quimperlé, le Père annonça la procession pour le lendemain. Or, il faisait à ce moment un verglas si glissant qu'on ne pouvait se tenir debout. Mais le Père prédit que le verglas ne nuirait point à la procession. En effet, quelques heures avant qu'on dût la commencer, il tomba assez de neige pour couvrir le verglas, de sorte qu'on marcha sans peine et sans danger. Mais dès que la procession fut rentrée, une petite pluie fondit la neige, et la gelée venant à recommencer rendit les chemins aussi glissants qu'auparavant.

A la misssion de Plumergat, M. de Kerlivio, voyant que la pluie avait rendu les chemins impraticables, engagea le P. Maunoir à ne point faire le lendemain la grande procession. Mais le serviteur de Dieu lui répondit : « Vous ne savez » donc pas, Monsieur, que, par la grâce de » Dieu, nous avons beau temps le jour de nos » processions ? » En effet, il fit la nuit une gelée qui sécha si bien les chemins que le matin on marchait à pied sec dans tous les endroits où la veille au soir on enfonçait jusqu'à mi-jambe ; et afin qu'on comprît bien que cela n'avait eu lieu qu'en faveur de la procession, dès qu'elle fut rentrée dans l'église, la pluie recommença comme la veille.

Le lendemain de la procession, le Père visitait toutes les maisons de la paroisse, afin de consoler les malades et de leur faire part des grâces de la mission.

Quelles fatigues n'a pas essuyées le P. Maunoir en renouvelant pendant quarante-deux années, une dizaine de fois par an, des exercices si prolongés et si laborieux ! Mais aussi que d'âmes sauvées ! Dieu seul en connaît le nombre.

XVI

Rénovation des vœux du baptême. — Fondation de la maison de retraite de Quimper.

Plus tard le Père joignit à ses missions le renouvellement des vœux du baptême, pratique qui produisit de grands fruits. On commençait par une procession autour des fonts baptismaux, pour faire penser au lieu où l'on avait été fait chrétien. Ensuite le Père prêchait sur les cérémonies, sur la grâce et sur les engagements du baptême. Puis, se plaçant entre la croix et la bannière de l'église, il disait au peuple : « Mes frères, lorsqu'on vous a présentés à votre pasteur pour vous faire baptiser, il vous a interrogés. Mais comme alors vous ne pouviez répondre, vos parrains et vos marraines ont répondu pour vous. A présent que vous pouvez répondre vous-mêmes, je vais vous interroger ; répondez-moi. Mais auparavant je vous avertis que vous n'allez pas faire de nouvelles promesses; vous allez seulement ratifier celles qu'on a faites en votre nom. »

Après avoir fait les demandes et obtenu du peuple les promesses des cérémonies baptismales, il terminait par ces mots : « Souvenez-vous, mes frères, que c'est à Dieu que vous venez de faire des promesses. Vous savez ce qu'on dit ordinairement, qu'un honnête homme n'a que sa parole. Que si un homme d'honneur est obligé de tenir la parole qu'il a donnée à un autre homme, à combien plus forte raison un chrétien doit-il accomplir ce qu'il a promis à Dieu ! Sachez, au reste, que tandis que vous renouveliez à la face des autels les engagements que vous aviez contractés envers Dieu, Dieu vous renouvelait aussi ceux qu'il avait contractés envers vous ; et si vous êtes fidèles à vous acquitter de votre promesse, Dieu le sera aussi à s'acquitter de la sienne. Pour les vains honneurs, pour les faux biens, pour les plaisirs trompeurs d'une vie passagère, auxquels vous aurez renoncé, je vous déclare de la part de Dieu, mon Maître, que vous aurez la gloire, les trésors et la félicité d'une vie éternelle. Allez en paix ! Que le Seigneur soit avec vous ! »

M. Le Nobletz était mort en odeur de sainteté, l'an 1652. Les nombreux miracles qu'il avait faits pendant sa vie et ceux qui illustrèrent son tombeau, font espérer que cet homme apostolique sera placé un jour sur les autels. Ce fut en racontant à ses missionnaires les particularités admirables de la sainte mort de son précurseur, que le P. Maunoir dit cette belle parole : « Si nous envions sa mort, imitons sa vie. »

Ce ne fut pas sans une vive douleur que le P. Maunoir perdit le P. Bernard, le fidèle compagnon de ses travaux. Il mourut sur la brèche, à l'âge de soixante-onze ans, en 1654. Il avait avoué au Père que Dieu lui avait révélé qu'il ne mourrait qu'après avoir terminé son purgatoire sur la terre. On le regarde comme un saint, et l'on croit qu'il eut sa part dans les si nombreux miracles opérés dans les missions qu'il fit pendant quatorze ans avec le P. Maunoir.

Dieu donna au P. Maunoir des recrues dont le zèle et le mérite pussent combler le vide que faisait la mort du P. Bernard. Citons, entre autres, M. de Trémaria, ancien conseiller au Parlement de Bretagne. Ce personnage, après avoir été converti par le Père, s'éleva à une haute piété et lui rendit de grands services comme missionnaire. Il légua, pour ainsi dire, au P. Maunoir son gendre, M. de Kérisac, lequel, étant devenu veuf, vint grossir le nombre des ouvriers évangéliques, ainsi que le marquis de Pontcallec. Mais ce fut surtout le

P. Martin, de la Compagnie de Jésus, qui put remplacer parfaitement le P. Bernard. Son éloquence entraînante, sa science, sa sainteté et sa robuste santé lui permirent de seconder le P. Maunoir avec un succès étonnant. Le P. Martin débuta par un coup d'éclat. A Lesneven, il prêcha le jour de la communion pour les Morts, et il le fit avec une telle bénédiction de Dieu, que dix-huit mille personnes vinrent recevoir la sainte communion.

Si l'on peut dire que le P. Maunoir a régénéré entièrement la Bretagne par les missions, il est juste d'ajouter que les maisons de retraite ont singulièrement aidé à développer et entretenir les sentiments de foi et de piété qui se sont perpétués sur cette terre bénie de Dieu. M. de Kerlivio et le P. Huby, de la Compagnie de Jésus, furent suscités par la Providence pour créer cette œuvre si importante. Ils établirent la première de ces pieuses maisons dans la ville de Vannes. Le P. Maunoir, témoin du bien étonnant que faisaient dans cette maison les Pères de la Compagnie, conçut l'idée d'étendre cette salutaire institution et d'établir une maison à Quimper. Il fut confirmé dans ce dessein par cette pensée, que les missions et la retraite s'entr'aideraient mutuellement ; que la retraite achèverait des conversions que les missions ne font souvent que commencer, et que dans la retraite les ecclésiastiques et les personnes du monde prendraient la résolution, les premiers de se consacrer aux missions, les secondes d'aider à en faire faire autour d'eux.

Enfin une dernière raison détermina le Père. Dans les missions, on se propose la conversion et l'avancement de personnes de toute espèce d'états et de conditions, ce qui oblige de parler en général, sans pouvoir descendre dans le détail des vices et des vertus particuliers à telle ou telle classe d'auditeurs. A la retraite, au contraire, on pourrait réunir séparément les ecclésiastiques, puis les personnes ayant reçu de l'éducation, enfin les paysans et les artisans, ce qui permettrait d'approprier les instructions et les méditations aux habitudes de ceux auxquels on s'adresserait. Ainsi rien ne porterait à faux, et tout le monde profiterait de tout ce qui se dirait.

La providence fournit bientôt au P. Maunoir l'homme qu'il lui demandait pour mettre à exécution cet important projet. On envoya comme Recteur du collége des jésuites de Quimper le P. Jégou. C'était un homme de mérite, fervent, habile et courageux. Lorsque le P. Maunoir lui parla de son projet, il vit avec joie que Dieu avait mis la même pensée dans le cœur du P. Jégou. Après avoir beaucoup prié, l'on mit la main à l'œuvre avec la modique somme de quatre cents francs, encore le P. Maunoir prit-il sur cette somme dix francs pour faire une aumône qui pressait ; mais cette aumône en attira beaucoup d'autres. En effet, tout le monde comprit l'immense utilité de cette entreprise pour le bien des âmes, et ecclésiastiques, riches, pauvres s'empressèrent d'apporter de l'argent, des pierres, du bois et des meubles. Les dames furent les plus libérales, espérant amener ainsi la conversion de leurs maris et de leurs enfants.

Mais plus tard le zèle s'étant ralenti, le P. Jégou commençait à se décourager. Le P. Maunoir, s'en étant aperçu un jour, frappa tout à coup sur la table et lui dit d'un ton inspiré : « Bon courage, mon Père ; je vous réponds que » l'argent ne manquera point. » L'argent en effet arriva en si grande abondance, que le P. Jégou refusa une somme importante que lui offrait Mme de Pratelas, pieuse et sainte femme dont la vie et la fortune étaient consacrées aux bonnes œuvres, sous la direction du P. Maunoir. Elle bâtit à elle seule toute une aile de cette maison de retraite, grand et beau bâtiment qui pouvait loger deux cents personnes.

On y fit faire dès lors, chaque année, la retraite et les exercices selon la méthode de saint Ignace à un millier de personnes divisées selon leur état et leur éducation. Dieu seul connaît le bien que produisent ces retraites aux retraitants eux-mêmes et à une foule d'autres personnes ; car l'on sort de ces maisons bénies plein de zèle pour la gloire de Dieu et le salut du prochain.

Dieu a béni sans mesure, dans notre chère Bretagne, l'œuvre de M. de Kerlivio et des Pères de la Compagnie de Jésus. Nous croyons que toutes les villes bretonnes possèdent une vaste maison de retraite où viennent se retremper dans la piété trois ou quatre cents hommes, puis autant de femmes ; et cela se renouvelle au moins quatre fois chaque année. Oui, après Dieu, c'est aux missions et aux retraites que la Bretagne doit la conservation de la foi et des mœurs.

XVII

Le Père joint des retraites aux missions. — Utilité de la méditation.

L'ouverture de la seconde maison de retraite, celle de Quimper, est du 19 mars 1670. Deux seules maisons n'étant pas à la portée de la plupart des habitants de la Bretagne, le P. Maunoir eut l'idée de joindre à ses missions quelques pratiques de la retraite. On fit cet essai à Lannion. Tandis qu'on faisait tous les exercices ordinaires de la mission dans l'église principale, on faisait faire la retraite à trois cents personnes dans l'église des Augustins. La semaine suivante trois cents autres personnes succédèrent aux premières, et enfin un pareil nombre vint à son tour, la troisième semaine, apprendre à méditer sur la passion de Notre-Seigneur. Chacun des sept jours de la semaine de retraite on méditait sur une des sept principales circonstances de la Passion.

Au commencement de chaque méditation, le prêtre qui donnait la retraite, ayant proposé un des mystères de Jésus souffrant, disait à ses auditeurs de s'en former une vive image, et d'y porter toutes leurs pensées et toutes leurs affections. Ensuite il faisait lui-même à haute voix la méditation, en donnant peu de temps aux réflexions et aux raisonnements de l'esprit, mais presque tout aux sentiments et aux affections du cœur; par cette pratique sensible, il apprenait parfaitement à faire la méditation, si bien que les neuf cents personnes qui avaient fait cette retraite répandirent en peu de temps par tout le diocèse la manière de méditer avec fruit sur les souffrances de Notre-Seigneur.

Les fruits que produit nécessairement la méditation journalière ne tardèrent pas à frapper tous les yeux. « On vit, au milieu des villes et des bourgades, un grand nombre de solitaires, presque aussi recueillis dans les tracas de leur ménage et dans le commerce du monde, que dans le fond d'un cloître ; et des femmes même gardant le silence une semaine entière, au milieu d'occasions continuelles de parler.

» Chose admirable ! le Père rencontra, peu de temps après, près de Crozon, une troupe d'enfants des deux sexes, auxquels Notre-Seigneur ou la sainte Vierge avait appris à faire l'oraison mentale. « Je demandai, dit-il, à l'un de ces enfants, à peine âgé de dix ans, comment il s'y prenait pour méditer sur la Passion ; et je fus surpris de voir qu'il en savait plus là-dessus que je ne lui en aurais appris. Il me répondit qu'il considérait en lui-même Jésus ou attaché à la colonne et déchiré de coups, ou bien couronné d'épines, ou portant sa croix, ou bien crucifié. Alors, s'imaginant voir la sainte Vierge au pied de la croix, il lui demandait qui était Celui qui souffrait, pourquoi et pour qui il souffrait, quel bien nous avaient fait ses souffrances, s'il était raisonnable de le laisser souffrir tout seul, ce qu'il demandait de nous, ayant tant souffert pour nous, ce qu'il fallait faire avant de se séparer de lui et de finir la méditation. Il ajouta qu'il lui semblait que la sainte Vierge répondait à chaque question; et lui-même s'arrêtait à chacune de ses réponses; qu'ensuite il adorait Notrè-Seigneur souffrant, qu'il lui portait compassion, qu'il le remerciait de l'amour qu'il avait témoigné aux hommes en mourant pour eux, qu'il s'offrait à souffrir avec lui, qu'il le conjurait ne ne pas permettre qu'on l'offensât, qu'il lui demandait la grâce de ne l'offenser jamais, qu'il lui promettait de le servir jusqu'à la mort, pourvu qu'il lui donnât la force d'accomplir sa promesse.

» Oh! que les voies de Dieu sont profondes, conclut le P. Maunoir, et que sa bonté est infinie, de se communiquer ainsi à de jeunes enfants, qui vivent au milieu des landes, et qui n'ont point d'autre compagnie que leurs bestiaux. »

Le Père s'enflamma alors de plus en plus du désir d'engager tout le monde à se remplir l'esprit et le cœur du mystère de la Passion, à la méditation duquel il voyait même les pauvres paysans s'habituer assez facilement. Oh! si nous pouvions engager quelques personnes à prendre la résolution de faire chaque jour un quart d'heure de méditation, que nous bénirions notre bon Maître! Cher lecteur, nous vous en conjurons à genoux, prenez un de ces livres de méditation, comme on s'en procure partout si facilement, et essayez huit jours seulement. Vous verrez que cela est facile et doux au cœur. En forgeant, on devient forgeron ; en méditant, on apprend à méditer. Que ceux qui, par impossible, ne pourraient faire de vraies méditations, prennent un livre sur la Passion, par exemple l'*Horloge de la Passion*, par saint Liguori, et qu'ils en lisent très-lentement un court passage; leur cœur y trouvera de quoi s'entretenir avec Notre-Seigneur Jésus-Christ. Les fruits de la méditation quotidienne dépassent tout ce que pourrait dire un ange du ciel. Je me tais donc, et prie Dieu de vous donner le courage d'être fidèle à la méditation; (*le courage*, hélas! ô le plus tendre des pères, vos enfants ne devraient-ils pas être transportés du désir de s'approcher de vous, de s'entretenir cœur à cœur avec vous?)

XVIII

Missions diverses. — Grands fruits. — Miracles. — Possédé guéri.

Nous ne pouvons suivre le P. Maunoir dans les nombreuses missions qui l'occupèrent sans cesse jusqu'à la mort. Racontons quelques traits de ses travaux apostoliques.

Pour satisfaire au désir de son évêque, le Père alla donner une mission à Tregunc, paroisse qui en avait grand besoin. Quoique on l'assurât qu'il serait mal reçu, et que le recteur même refusât de le loger, il y alla avec onze missionnaires. Dieu bénit son courage; on trouva d'abord où loger; la Providence pourvut à tout, comme elle le fit toujours pour son confiant missionnaire; sans provisions, l'on ne manqua de rien, et dès le premier sermon tout le monde changea envers le Père. Le recteur l'invita à dîner, ainsi que tous ses coopérateurs; et ce fut un coup du ciel qu'il n'eût pas logé les missionnaires, car, au fort de la mission, une partie du presbytère tomba pendant la nuit. Les poutres des greniers s'effondrèrent et tombèrent au second étage, où les missionnaires devaient coucher, et ils auraient tous été écrasés infailliblement. Tous les paroissiens disaient qu'un hôte si saint que le P. Maunoir aurait conservé la maison. Mais le Père publiait partout que lui et ses compagnons étaient prêts à mourir pour le recteur, qui les avait préservés d'une mort certaine.

Écoutons le Père Maunoir nous raconter le succès de cette mission : « Ceux qui s'étaient déclarés hautement contre nous revinrent à nous, et nous les contraignîmes de retourner à Dieu. Tous se confessèrent, jusqu'aux enfants de sept ans, et nous entendîmes là au moins trois mille confessions générales. En prêchant, le jour de l'Annonciation, comme je montrais jusqu'où la sainte Vierge avait porté dans ce mystère l'amour de la virginité, une fille de mauvaise vie fut pénétrée tout à coup d'un si grand regret de ses fautes, qu'elle se mit à sangloter et à crier d'une manière à tirer les larmes des yeux à tout l'auditoire, et même au prédicateur. Je n'ai point vu de contrition plus grande que la sienne. Elle demanda publiquement pardon de ses désordres, et elle changea de pays, pour éviter les occasions. Un jour, assistant à l'une de nos processions, et venant à penser, à la vue du prêtre qui portait la croix sur ses épaules, que ses péchés avaient chargé Notre-Seigneur d'un fardeau si pesant et si ignominieux, elle s'évanouit et pensa mourir de douleur. »

« Les pénitents, écrit le Père dans une autre circonstance, les pénitents étaient touchés d'une contrition si vive, et ils versaient tant de larmes que les confesseurs s'aperçurent que leurs surplis en étaient tout trempés. Les pénitents pleuraient de douleur, et les confesseurs de joie. Le concours de peuple fut si effroyable, que les missionnaires, tout occupés des âmes, n'eurent pas le temps de guérir les corps, comme ils le faisaient toujours. »

Le Père avoue cependant qu'il guérit deux malades, notamment la personne chez laquelle il logeait; il est vrai que, pour guérir cette dernière, il n'eut pas besoin de perdre de temps pour l'aller trouver.

A Plévin, on amena au Père un jeune homme qui était possédé du démon depuis plusieurs années. Le Père l'exorcisa et ordonna au diable de quitter ce malheureux. Mais le démon répondit, par la bouche du possédé, qu'il ne pouvait sortir du corps de ce jeune homme, parce que c'était par l'ordre de Jésus-Christ même qu'il le possédait, pour le punir de son ivrognerie et pour l'en corriger. Pour s'assurer encore mieux de la vérité, le Père fit au démon plusieurs interrogations, intérieurement et sans employer de paroles. Le diable répondit à la pensée du Père avec un parfait à propos; alors celui-ci appliqua sur la tête du possédé la clochette de M. Le Nobletz. Le démon avoua qu'il souffrait beaucoup; et, après une vive résistance, qui causa de grandes douleurs au possédé, il sortit enfin; et ce pauvre garçon fut délivré tout à la fois de ce mauvais hôte et des vices qui l'avaient introduit. Il mena depuis une vie fort sobre, mais si dévote et si pénitente, qu'il communiait tous les dimanches, et qu'il marcha toujours pieds nus jusqu'à la mort, même au plus fort de l'hiver. C'est ainsi que Dieu emploie quelquefois l'ennemi du salut à sauver et à sanctifier les hommes.

« A Rennes, écrit le P. Maunoir, nous trouvâmes à la prison un très-grand nombre de malheureux, pour la plupart condamnés à mort dans les tribunaux subalternes, et qui avaient fait appel au Parlement. On avait beau nous dire qu'on ne pouvait pas compter sur la pénitence de ces sortes de gens, avant qu'on leur eût signifié leur arrêt. Nous savions par expérience, aussi bien que par la foi, que l'Esprit divin souffle quand il lui plaît, et que sa grâce n'est point attachée ni au temps, ni au lieu. Ainsi nous donnâmes tous nos soins à ces pauvres misérables, et, par la miséricorde de Dieu, ils donnèrent tous des marques d'un véritable repentir.

» Les deux premières semaines, deux des plus criminels ne voulurent point assister aux exercices, ni entendre parler de Dieu. Nous priâmes pour eux, et nous fûmes exaucés; ils vinrent aux instructions, et ils se convertirent comme les autres. Messieurs du Parlement étaient surpris de voir tant de scélérats convertis de bonne foi, avant même qu'ils fussent condamnés en dernier ressort. Ils demandaient à embrasser leurs accusateurs, et paraissaient tout résolus à mourir pour expier leurs crimes. Les personnes les plus considérables de la ville voulurent être témoins de ce miracle de la grâce; et, le dernier jour, lorsque nous conclûmes cette sainte expédition, il accourut tant de monde à la prison, que M. le procureur général fut obligé de s'y transporter pour maintenir l'ordre... L'on ne saura que dans le ciel quels furent les excès de la miséricorde divine envers ces pénitents. O que Dieu est magnifique à l'égard de ceux qui retournent à lui de toute l'étendue de leur cœur! »

Qui ne s'écrierait, à la vue de ce que Dieu opère par ses saints : Seigneur, donnez-nous des saints, pour convertir les hommes d'à présent, cent fois plus coupables que ces condamnés grossiers et ignorants!

A Saint-Georges-de-Raintambaut, patrie du P. Maunoir, malgré le proverbe qui dit que nul n'est prophète en son pays, la rénovation fut complète.

A Fougères, la ville et tout le pays environnant furent remués par la grâce au point que quarante recteurs d'alentour ayant amené leurs paroisses en procession, il demeura tant de monde pour assister aux exercices, que toutes les maisons et toutes les places de la ville furent remplies, et qu'il fallut camper dans les champs. L'ardeur de se confesser et de communier, pour gagner l'indulgence, était si grande, que plusieurs attendirent deux jours et deux nuits au confessionnal, sans prendre de nourriture, la soif de la justice faisant oublier tout autre besoin.

Ce qui étonnait le plus les personnes qui assistaient aux prédications du P. Manoir c'était l'attention et le silence incroyable avec lequel il était écouté par des foules « effroyables » qui souvent s'étendaient beaucoup plus loin que la

portée de la voix. Y avait-il là un vrai miracle, ou bien se passait-il dans le cœur de ceux qui étaient trop éloignés pour entendre la voix du prédicateur ce qu'exprimait, ces temps-ci, un bon paysan breton qui ne savait pas le français. Après un touchant sermon prêché dans cette langue qu'il ne comprenait pas, il manifestait son émotion profonde. « Mais, lui dit un mis-
» sionnaire, mais, mon ami, vous n'avez pas pu
» comprendre ce que disait le prédicateur! »
— « Ah! mon Père, répondit ce brave homme,
» le cœur comprend!... »

Un jour le P. Maunoir prêchait une grande foule sur une place publique. Une assez grosse pluie commença presque avec le sermon et ne finit qu'après, sans que personne quittât sa place et eût l'air de s'apercevoir de ce contre-temps, pas même l'évêque de Tréguier et M. de Trémaria qui étaient présents, et qui se laissèrent comme les autres mouiller jusqu'aux os.

« A Landerneau, dès qu'on eut commencé la mission, l'esprit de pénitence s'empara tellement de toute la ville, jusque là fort peu exemplaire, qu'une troupe de dames de la campagne y étant venue à dessein de s'y divertir durant tout le carnaval, furent fort surprises qu'on y avait renoncé à toute partie de plaisir, et que personne ne voulait leur donner un endroit, où elles pussent faire leurs assemblées de divertissement. De sorte qu'elles furent obligées de sortir de la ville, de prendre le temps qu'on était à l'église, pour éviter leurs railleries, et de se masquer pour cacher leur confusion.

XIX

Derniers travaux. — Maladie et mort du P. Maunoir.

Le P. Maunoir approchait du terme de ses immenses travaux. Si l'on compare l'état où il trouva la Bretagne à celui où elle était à sa mort, on est stupéfait d'un changement aussi complet. Si l'on juge de l'arbre d'après ses fruits, que dire de celui que Dieu choisit pour lui faire produire des fruits de salut si merveilleux et si durables?... Dans peu la voix infaillible du vicaire de Jésus-Christ va nous l'apprendre.

Pour donner une idée de l'autorité que les vertus et les services du P. Maunoir lui avaient donnée dans toute la Bretagne, il suffit de rappeler que ce fut à lui que le duc de Chaulnes, gouverneur de Bretagne, s'adressa pour obtenir par la persuasion la soumission d'une grave révolte des paysans bas-bretons. Avec une adresse et une charité tout apostolique, le serviteur de Dieu amena doucement tous les insurgés à s'en remettre à la clémence du roi, ce dont ils n'eurent pas à se repentir. Il prévint ainsi toutes les calamités d'une guerre civile et de la répression violente qu'elle eût entraînée.

Cependant les forces du P. Maunoir étaient épuisées par l'âge, mais surtout par ses immenses fatigues et les maladies qu'elles lui avaient causées plusieurs fois. Il manqua mourir les armes à la main à Bourbriac, en descendant de la chaire où il s'était laissé trop aller aux transports de son zèle. Il fut si malade qu'un ecclésiastique lui demanda s'il allait mourir dans cette paroisse. Mais le Père lui répondit prophétiquement « qu'il mourrait au milieu des terres de » Saint-Corentin. »

Malgré sa faiblesse, le Père évangélisa encore deux paroisses et y guérit plusieurs malades. Il voulait encore porter la parole de Dieu dans deux paroisses du diocèse de Saint-Brieuc, lorsqu'il fut pressé par le Saint-Esprit, ou au moins par une forte inspiration de rentrer dans les terres de Saint-Corentin. Il retourna donc sur ses pas et prit la route de Quimper. En passant par Plouguernevel, il y fit, quoique très-affaibli, son dernier sermon et son dernier catéchisme. Il eut encore le courage de se traîner jusqu'à Plévin. Mais il ne put aller plus loin. Il acheva ainsi dans une paroisse dédiée à la sainte Vierge les courses apostoliques dont le dessein lui avait été inspiré dans une chapelle dédiée à la Mère de Dieu.

Le recteur de Plévin était un de ses missionnaires les plus zélés et les plus aimés ; il reçut le Père avec joie et lui prodigua tous les soins possibles. Dès que le Père fut au lit, la fièvre le prit avec un grand mal de côté. Mais il ne se plaignait point, de sorte qu'on n'aurait pas su ce qu'il souffrait si on ne l'avait obligé d'avouer son mal. Les soins parurent le soulager ; du moins le malade affecta d'être mieux, probablement pour engager ses charitables amis à aller prendre du repos. Le fait est que le lendemain il ne put se lever pour dire sa messe, ce qui prouvait qu'il était bien malade.

M. de Kerlouet, gouverneur de Carhaix, et Mme de Kerlouet, ayant appris la maladie du Père, vinrent le supplier de se laisser transporter dans leur château qui était tout voisin, et de s'y laisser soigner. Mais il les remercia, et dit ensuite à son hôte qu'un religieux qui avait fait vœu de pauvreté devait éviter les maisons riches, où règnent l'abondance et les aises de la vie ;

et que pour lui il se trouvait beaucoup mieux au presbytère de Plévin qu'au château de Kerlouet.

Comme l'état du Père empirait chaque jour, on en donna avis à Quimper. La bonne Mme de Pratelas, la mère et la ressource des missionnaires, partit aussitôt pour Plévin avec un des Pères jésuites et le meilleur médecin du pays. C'était une très-dangereuse péripneumonie qui menaçait la vie du Père. A cette parole du médecin, Mme de Pratelas se prit à pleurer; mais le Père lui dit d'un ton ferme : « Madame, priez Dieu! » Elle répondit : « Joignez donc vos prières » aux miennes, afin que Dieu vous rende la » santé. » Le Père reprenant sa douceur ordinaire lui dit : « Madame, Dieu ne nous a pas » consultés lorsqu'il nous a mis au monde; il ne » nous consultera pas non plus lorsqu'il voudra » nous en retirer. » Ces paroles firent juger qu'il ne relèverait point de cette maladie, et qu'il avait une connaissance certaine de sa mort.

Le Père voyant que Mme de Pratelas s'affligeait beaucoup de voir son état s'aggraver, la pria de se retirer en se soumettant avec une paix parfaite aux desseins de Dieu. Elle entra en effet dans ces excellents sentiments.

Le médecin était dans l'admiration du courage et de l'égalité d'humeur que montrait son malade. Dans des douleurs continuelles et très-aiguës, il ne lui échappa jamais la moindre plainte ni aucun de ces signes involontaires qui trahissent quelquefois la patience des saints eux-mêmes, et montrent malgré eux ce qu'ils souffrent. Oubliant son corps, il s'abandonna à la ferveur de l'esprit; et son visage était plus enflammé de l'ardeur du divin amour que du feu de la fièvre.

Le Père reçut le Viatique; il était transporté et ravi comme s'il eût déjà vu son Sauveur, et qu'il l'eût possédé autrement que par la foi.

Après une courte mais fervente action de grâces, il demanda un cierge bénit, et le tenant à la main, il fit sa profession de foi catholique, et renouvela les promesses de son baptême avec de si grands transports d'amour, et d'un ton si animé qu'on fut obligé de l'avertir qu'il augmentait grandement sa fièvre. Il se tut aussitôt, et rentra dans sa paix habituelle. Mais il ne pouvait s'empêcher de laisser échapper souvent des paroles embrasées du feu de l'amour dont son cœur était consumé pour Jésus et pour Marie.

On attendit pour lui donner l'Extrême-

Onction qu'il la demandât lui-même, car il avait dit qu'il avertirait quand il serait temps de la lui administrer. Lorsqu'on la lui donna, en effet sur sa demande, il répondit à toutes les prières d'une manière si vive et si tendre qu'il attendrit jusqu'aux larmes tous les assistants.

De partout, au bruit de la maladie du P. Maunoir, on venait le visiter ; le malade recevait également bien tout le monde, et il continua sa mission d'apôtre jusque sur son lit de mort. Il recommandait surtout aux ecclésiastiques de travailler au salut des âmes dans les missions. Il détermina le Père jésuite qui était venu de Quimper l'assister à la place du Père Martin retenu par une mission importante, il détermina le P. Dudemaine à embrasser cet état le plus saint et le plus utile que pût choisir un prêtre zélé et courageux.

Le P. Maunoir ne pouvait assez remercier Dieu de l'état florissant dans lequel il laissait les missions en Bretagne, et aussi ailleurs (car déjà un certain nombre d'évêques en France suivaient en cela l'exemple des prélats bretons). La vue de la capacité et du zèle admirable du P. Martin, son successeur, causait au P. Maunoir une joie qu'il ne pouvait dissimuler.

Le médecin regardait comme tout à fait extraordinaire qu'une maladie qui amène le délire chez les autres malades laissât au Père une telle liberté et présence d'esprit. Cependant la veille de sa mort on crut à un moment de délire, lorsque le Père dit très-distinctement : « Donnez » une chaise à M. Le Nobletz. » On lui demanda ce qu'il voulait, et il répondit aussitôt : « Je dis » que vous donniez une chaise à M. Le Nobletz. » Il est assez probable que le saint prêtre qui avait pris tant de part à la vie de son successeur fût venu le fortifier à la mort.

Tant d'autres faveurs célestes qu'a reçues le Père rendent celle-ci probable ; d'autant plus qu'il semble que Dieu lui envoya ce puissant protecteur pour le défendre contre les assauts que livra quelques instants le démon à celui qui depuis quarante-deux ans lui faisait une si rude guerre. On s'aperçut de ce combat par l'inquiétude du malade. Il pria les assistants de faire le signe de la croix, et de jeter de l'eau bénite à certains endroits qu'il désigna. On lui présenta le crucifix en disant : « Voici la croix du Seigneur ! Loin d'ici, puissances infernales ! » Il prit le crucifix avec empressement, et dès qu'il l'eut appuyé contre son cœur, on vit revenir son calme habituel jusqu'à son dernier soupir. Il laissa ce crucifix, qu'il avait toujours porté sur son cœur, au P. Martin qu'il aimait tendrement.

Il embrassait fréquemment ce signe de notre salut et toujours avec un touchant amour. Il disait en même temps aux assistants avec une force et un feu qui embrasaient tous les cœurs : « Vivons et mourons pour Jésus, qui a vécu et qui est mort pour nous ! » Il continua d'exhorter ainsi les assistants jusqu'au dernier instant de sa vie ; de sorte qu'on peut dire de lui qu'il a fait mission en mourant, et qu'il est mort en faisant mission.

Sur leur demande il donna à toutes les personnes présentes sa bénédiction avec une bonté paternelle. Tout le monde pleurait, mais non sans consolation, car on sentait quel protecteur les missionnaires et toute la Bretagne allaient avoir dans le ciel.

La ferveur et la joie du saint moribond augmentaient à mesure qu'il voyait approcher le moment d'aller s'unir à son Dieu, et il se consumait en élans d'amour et en aspirations enflammées, jusqu'à ce qu'enfin il perdit la parole, et un quart d'heure après il rendit l'esprit, vers huit heures du soir, le 28 janvier 1683. Il était âgé de soixante-dix-sept ans, en avait passé cinquante-huit dans la Compagnie de Jésus, et quarante-deux dans les missions de Bretagne.

XX

Prodiges qui suivent la mort du Père. — Il est enterré à Plévin. — Ses miracles sans nombre.

Le Père avait rendu l'esprit si doucement, et la mort l'avait si peu changé, qu'on ne s'aperçut pas tout de suite qu'il n'était plus. Dès qu'on vit qu'il était mort, toutes les personnes présentes se mirent à genoux et se recommandèrent à lui. Chacun lui baisa les mains par respect, et l'on se saisit avidement de ce qui lui avait appartenu. Des guérisons nombreuses furent obtenues par l'attouchement de ces objets.

Au moment où le Père expira, M. de Kerlouet qui souffrait vivement de la goutte au pied depuis quelques jours, vit passer trois fois une ombre devant son lit. Il crut d'abord que c'était un domestique qui couchait dans sa chambre, et il lui demanda pourquoi il faisait tant de tours. Mais le domestique répondit qu'il n'avait pas bougé de son lit, et que s'il avait entendu du bruit, il fallait que ce fût celui des cloches de Plévin, où l'on sonnait bien fort. M. de Kerlouet jugea par là que le P. Maunoir était mort, et qu'il était venu lui dire adieu. Il invoqua ce saint homme à l'heure même ; et Mme de Kerlouet n'eut pas plus tôt appliqué sur le pied de son mari un linge trempé dans le sang du Père, que le malade s'endormit, et qu'à son réveil il se trouva si bien guéri qu'il alla le lendemain aux obsèques du Père, pour le remercier de la santé qu'il lui avait rendue.

Mme de Pratelas, qui était retournée à Quimper après avoir visité le Père pendant sa maladie, le vit, au moment de sa mort, apparaître rayonnant de gloire. Nous omettons d'autres prodiges, qui nous entraîneraient trop loin.

Il se fit un tel concours de personnes pour venir vénérer le corps du saint missionnaire qu'on fut obligé de le laisser exposé deux jours. Tous lui baisaient les pieds, et ne pouvant s'emparer de morceaux de l'aube et de la chasuble dont on l'avait revêtu, lui faisaient toucher, avec une foi confiante, leurs chapelets et leurs livres d'heures. Il était fort difficile de faire sortir les premiers venus pour faire place à d'autres, tant ils ne pouvaient se rassasier de contempler cette angélique figure.

Le 29, après midi, on sut que le corps du Père ne devait pas être enterré à Plévin, et que Mgr l'évêque de Quimper devait l'envoyer enlever pour l'inhumer avec honneur dans la cathédrale de Saint-Corentin. Mais les habitants du bourg ne pouvant supporter l'idée de perdre le corps du grand apôtre de la Bretagne, se liguèrent avec les paysans des environs pour s'opposer, même par la force, à son enlèvement. Aussi lorsque le lendemain matin le grand-vicaire voulut transporter à Quimper le corps du P. Maunoir, il en fut empêché par une foule de paysans armés : « Non, non, s'écriaient ces bonnes gens, on ne nous enlèvera pas notre bon père ! Si on l'enterrait à Quimper, ce serait comme le P. Bernard ; il ne ferait point de miracles, et il en fera ici. »

Rien ne put vaincre la résistance du peuple, ni l'influence de M. de Kerlouet, gouverneur de Carhaix, ni l'excommunication fulminée au nom de l'évêque contre tous ceux qui s'opposeraient à l'enlèvement du corps. Il est vrai que Mme de Kerlouet et quelques personnes influentes, désireuses de garder ce précieux dépôt, travaillaient à dissuader les paysans d'obéir aux injonctions des autorités ecclésiastiques et civiles. Le grand-vicaire se vit donc contraint de renoncer à vaincre la résistance de ces bonnes gens qui disaient hautement qu'on leur ôterait plutôt la vie que leur bon père.

Il entra dans l'église seulement à dessein de

dire une basse messe pour le défunt. Mais comme il commençait à s'habiller, on vint lui dire que, si le clergé ne portait pas le corps à l'église et ne l'enterrait pas au plus tôt, les paroissiens de Plévin allaient l'y porter et l'enterrer eux-mêmes. M. de Kerlouet fut alors d'avis qu'on fît l'enterrement pour contenter le peuple, sauf à enlever ensuite le corps pendant la nuit et à le transporter furtivement à Quimper.

Alors le grand-vicaire alla à l'autel, chanta la grand'messe, et fit l'enterrement avec toutes les cérémonies de l'Eglise. Il assura qu'il fut entraîné par un mouvement intérieur irrésistible, et qu'il reconnut en ce moment que c'était Dieu lui-même qui avait armé la piété des paysans pour l'exécution de ses desseins. Le fait est que ces bonnes gens, craignant qu'on ne leur enlevât furtivement leur trésor, mirent sur la tombe du Père une fort grosse pierre, en forme de tombe et gardèrent en armes le sépulcre jour et nuit. Force fut donc au grand-vicaire de n'emporter que le cœur du Père (qu'on avait séparé du corps le lendemain de sa mort); on le porta en grande pompe au collége de Quimper. Après un service solennel auquel toute la ville assista, on plaça ce précieux dépôt au milieu du chœur vis-à-vis le tabernacle. Où aurait-on pu mieux placer un cœur si humble et si pur qu'aux pieds de Jésus anéanti dans l'Eucharistie, et devant un autel sur lequel il s'était si souvent offert en sacrifice avec l'Agneau de Dieu pour le salut des hommes ?

Ainsi se vérifièrent les deux prophéties du P. Maunoir relativement au lieu de sa mort et de sa sépulture. Il avait en effet assuré qu'il mourrait au milieu des terres de saint Corentin, et qu'il serait enterré dans le lieu même où il mourrait. Dieu voulut que son serviteur, qui avait consacré presque toute sa vie au salut des gens de la campagne, demeurât encore avec eux après sa mort, pour être leur ressource dans leurs afflictions et leur remède dans leurs maladies.

Il est certain que son sépulcre ne tarda pas à devenir célèbre, tant par le concours immense des pèlerins, que par le nombre considérable de guérisons qui s'y opérèrent. On ferait un gros volume si l'on voulait raconter tous les miracles opérés, tant à Plévin que dans mille autres lieux, par l'intercession du P. Maunoir, même en se bornant à ceux qui sont juridiquement prouvés. Nous n'en mentionnerons que deux des plus remarquables.

Pierre Boisadam, tailleur à Carhaix, avait un fils âgé de six ans, nommé Jean. « Outre que cet enfant avait deux bosses, l'une sur le dos et l'autre sur la poitrine, qui lui ôtaient la liberté de la respiration, il était aussi paralytique de tout le corps, ne pouvant s'aider ni des bras ni des jambes, et demeurant toujours au lit depuis trois ans. A peine le P. Maunoir fut-il enterré que le malade plein de confiance pria qu'on allât à Plévin demander sa guérison au tombeau du saint missionnaire. Le père du malade y alla; et, le jour suivant, comme il était sorti de sa maison avec sa femme, le P. Maunoir y entra, les portes étant fermées, et s'apparut au malade, en présence de deux de ses petits frères dont le plus âgé n'avait que quatre ans.

» Il demanda au malade s'il voulait être guéri. Celui-ci lui ayant répondu que oui, le Père l'exhorta à la piété, lui prédit qu'il ne vivrait pas longtemps, et lui dit qu'il fallait qu'on le menât à Plévin. Ensuite il fit le signe de la croix sur les deux bosses, et il disparut. Au même instant les deux bosses disparurent aussi, et l'enfant s'en trouva parfaitement guéri, ayant la respiration libre, et ne souhaitant plus que la guérison de sa paralysie. Mais il ne devait obtenir cette autre grâce qu'au tombeau du

Père, afin que le second miracle fît connaître l'auteur du premier.

» Sur cela la mère rentra, et voyant que son enfant qui n'avait que quatre ans était tout effrayé, elle lui demanda ce qu'il avait. Il répondit qu'il avait eu peur d'un vieux prêtre qui était venu voir son frère malade. Celui-ci raconta à sa mère ce qui venait d'arriver. Elle, passant aussitôt la main sur la poitrine et sur le dos de son fils, n'y sentit plus de bosses. Elle leva la couverture et les draps comme pour voir ce qu'elles étaient devenues; et, n'en trouvant aucune trace, elle alla toute transportée de joie annoncer le miracle à ses voisines, qui le publièrent bientôt dans toute la ville.

» Chacun voulut s'éclaircir de la vérité. M. de Kerlouet, gouverneur de la ville, se transporta comme les autres dans la maison de Boisadam, et touché d'une guérison si surprenante, il donna son carrosse pour mener l'enfant à Plévin, où le Père acheva de le guérir. Dès qu'on l'eut étendu sur le tombeau du saint homme, une vertu secrète ranima tout son corps et lui rendit le mouvement. Il se leva aussitôt et marcha sans appui autour de ce tombeau miraculeux, où il avait comme reçu la vie, au grand étonnement de tous les assistants.

» Il semble que cette guérison ne se fit que pour glorifier le P. Maunoir ; car l'enfant jouit fort peu de la santé qu'il avait reçue. Il tomba bientôt après dans d'autres infirmités, et selon la prédiction que le Père lui avait faite qu'il ne vivrait pas longtemps, il mourut l'année suivante.

» Marie Quénécan, servante chez M. Alouin, à Morlaix, reçut à la tête un coup de fusil tiré par mégarde par un domestique. Elle en mourut quelques heures après ; on laissa le corps sans l'enterrer environ vingt-quatre heures. On prépara tout pour l'enterrement. Le corps était enseveli et couvert d'un drap mortuaire, la croix et l'eau bénite étaient à côté de la châsse, les cloches sonnaient, lorsque M. et Mme Alouin eurent l'inspiration de vouer la pauvre Marie Quénécan au P. Maunoir. A l'instant même elle ressuscita, et elle s'est bien portée plusieurs années après sa résurrection. L'information juridique de ce miracle fut faite à Plévin, le 11 juin 1685. »

Les résurrections opérées par l'intercession du P. Maunoir sont assez nombreuses. Qui pourrait s'étonner de voir rendre la vie aux corps par celui qui rendit la vie à des millions d'âmes, miracles beaucoup plus difficiles sans contredit?

Le tombeau du P. Maunoir est resté glorieux, et un grand nombre de personnes assurent encore de nos jours avoir ressenti les effets de son pouvoir auprès de Dieu.

Ainsi il est de notoriété publique que Marie-Françoise Huitorel, femme de Job Luvennec, de la paroisse de Motref, fut atteinte d'un idiotisme complet pendant cinq années et déclarée incurable par les médecins. Son mari l'ayant vouée au P. Maunoir, à l'instant même l'idiote recouvra la raison.

Mais cette pauvre femme était si percluse de ses membres qu'elle ne pouvait plus marcher qu'à l'aide de béquilles. Son mari la fit porter à cheval à Plévin, le lundi de la Pentecôte 1865, pour remercier le P. Maunoir et implorer une nouvelle faveur. La pauvre femme s'agenouilla au pied du tombeau du Père, le pria avec confiance, et se releva guérie instantanément. Elle n'a plus eu besoin de faire usage de ses béquilles.

Ce fait et une foule d'autres que nous ne pouvons mentionner de peur de dépasser le cadre que nous nous sommes tracé, seront examinés dans le procès de canonisation de l'apôtre de la Bretagne. Ajoutons seulement que la vénération dont est entouré le tombeau du P. Maunoir a suffi pour le mettre à l'abri des insultes et des profanations pendant la tourmente révolutionnaire.

Puisse le grand apôtre de la Bretagne nous obtenir, ainsi qu'à tous les enfants de la sainte Eglise catholique, ces grâces de conversion et de résurrection dont nous avons tant besoin, dans nos temps qui voient diminuer notablement l'esprit de foi, de pénitence et de simplicité !

PRIÈRE

O Dieu tout-puissant, qui avez daigné répandre sur la Bretagne des grâces abondantes de conversion et de sanctification par l'apostolat si fructueux de votre serviteur Julien Maunoir, nous vous supplions humblement, par l'intercession de la très-sainte Vierge Marie, et de sainte Anne, notre patronne, de nous accorder bientôt le bonheur d'entendre proclamer, par le Saint-Siége Apostolique, la sainteté de votre grand serviteur, afin que nous puissions l'invoquer publiquement, et obtenir, par son secours, la conservation et l'augmentation de l'esprit de foi, de simplicité, de chasteté, de tempérance, et surtout l'amour du foyer domestique et le dévouement à la chaire de saint Pierre. Nous vous demandons ces grâces par le Sacré-Cœur de N. S. J.-C. Ainsi soit-il.

XXI

PLAN

DE PERFECTION QUE SE TRAÇA JULIEN MAUNOIR LA PREMIÈRE ANNÉE DE SON NOVICIAT.

Les âmes pieuses seront heureuses de pouvoir lire, relire et méditer le plan de perfection que se traça, à son entrée au noviciat, le futur apôtre de la Bretagne. Il est inutile d'en faire l'éloge...

Ce plan réduit toute la sainteté au parfait détachement des choses créées, et à la pratique de deux vertus qui entraînent à leur suite toutes les autres, et qui en règlent l'exercice : l'amour de Dieu et celui du prochain.

I. — Résolutions touchant l'amour de Dieu.

« Considérant que Dieu seul est indépendant et que tout dépend de lui; qu'il est infini, immuable, éternel; contemplant sa bonté, son amour, sa libéralité, sa miséricorde, sa patience, sa douceur et sa sagesse infinie; admirant sa toute-puissance, sa grandeur, son immensité; voyant qu'il est le principe et la fin dernière de toutes choses; quand il n'y aurait rien à espérer en son service que des souffrances et des humiliations, je suis résolu de le servir toute ma vie; et, en présence de la glorieuse Vierge Marie, de saint Joseph, et de tous les bienheureux, je promets d'employer toutes mes forces à le contenter selon toute l'étendue de sa grâce.

» Ainsi ma plus grande, ou plutôt mon unique passion sera de faire la volonté de Dieu. Et parce que sa volonté est que je l'aime, soutenu de sa grâce, je l'aimerai de tout mon cœur, uniquement parce qu'il est infiniment aimable. Ma devise sera : *Le plus grand contentement de Dieu, et son plus grand amour.*

» Pour me mettre en état de contenter Dieu et de l'aimer, je commencerai par travailler à acquérir l'humilité la plus profonde que je pourrai, car Dieu aime les humbles et leur donne sa grâce. Je ne m'estimerai donc point plus que je ne suis; et je ne suis rien, je n'ai de mon fonds que le néant et que le péché; je ne m'attribuerai que cela. Plutôt mourir mille fois que d'avoir aucune complaisance en moi-même. Tout ce que je verrai de bon en moi et dans les autres, je le rapporterai à la seule bonté du Créateur : elle est la source de tout le bien qui se trouve dans les créatures. Je ne regarderai en moi que mes misères, afin de m'en humilier; et que les grâces de Dieu, afin de lui en témoigner ma reconnaissance.

» Je ne compterai point sur mes propres forces; je suis la faiblesse même. Je ne me fierai pas non plus en la puissance des hommes; elle est trop bornée. Mais j'attendrai tout du seul secours de Dieu; il est tout-puissant. J'attendrai particulièrement de lui une grande sainteté; car Dieu veut que je sois un saint, et il se plaît à faire de grandes choses dans de faibles sujets.

» Je m'étudierai à une grande pureté de cœur: *Heureux ceux qui ont le cœur pur, ils verront Dieu.*

» Je vais vivre en ce monde comme s'il n'y avait que Dieu, présupposant toujours son secours; sans cela je sais que je ne puis rien.

C'est lui qui me fait vouloir le bien, et ce sera lui qui me donnera la force de l'accomplir. Ainsi aidé de sa grâce, je n'agirai ni par passion, ni par coutume, ni par inclination sensuelle, ni pour plaire aux hommes, ni pour en être estimé, ni avec précipitation, ni avec opiniâtreté. Mais je me conduirai en toutes choses par les lumières de la raison et de la foi, et selon la volonté de Dieu.

» Je n'omettrai jamais les exercices spirituels, comme la communion, la confession, l'examen général, l'examen particulier. Mais j'apporterai tout le soin possible à les bien faire, afin que Dieu soit content.

» J'aspirerai toujours au plus haut degré d'oraison, d'amour de Dieu, de pureté et de toutes les vertus. Toujours attentif à ce que Dieu veut de moi, je penserai à ce qu'il peut vouloir d'un jésuite, afin de me préparer à tout ce qui sera de son service, et qu'il me trouve toujours prêt à voler au moindre signe de sa volonté.

» J'examinerai aussi tout ce qui peut s'opposer au bon plaisir de Dieu, et je ferai tous mes efforts pour lever ces oppositions. Je détruirai en moi tout ce qui peut lui déplaire. Je combattrai sans cesse le vice qui me fera le plus de peine, et je ne souffrirai rien dans mon cœur qui puisse tant soit peu choquer les yeux très-purs de mon Créateur et de mon Dieu.

» Quelque âge que j'aie, même dans la vieillesse, je croirai toujours que je ne fais que commencer à servir Dieu. Sans regarder ce que j'ai, je ne songerai qu'à ce qui me manque ; oubliant le passé et même sans me mettre en peine de l'avenir, je ne penserai qu'à bien faire l'action présente selon la volonté de Dieu.

» Comptant toujours sur la grâce de mon Dieu, je fuirai comme la peste de la vie spirituelle toute oisiveté. Je règlerai si bien ma journée que tout mon temps sera employé au plus grand service de Dieu ; et si Dieu m'inspire quelque autre chose que ce que j'avais résolu de faire, je suivrai son inspiration ; car je n'ai point d'autre désir que de faire sa volonté.

» Mon Dieu est véritable en tout ce qu'il dit ; il est très-bon, et ne saurait vouloir me tromper ; il est très-sage, et ne saurait se tromper lui-même ; il est tout-puissant, et peut généralement tout ce qu'il veut. Telle est l'idée que je me forme de Dieu ; et je tâcherai de le glorifier conformément à cette idée.

» Je croirai donc tout ce que Dieu à révélé dans l'Ancien Testament, et tout ce que Notre-Seigneur a révélé dans le Nouveau. Je croirai à la tradition et aux décisions de l'Église. En présence de toute la Cour céleste, je ferai profession de ma foi ; et, quand il s'agira de la confesser devant les tyrans, armé de la puissance de mon Dieu, je ne redouterai point la colère des hommes; je mépriserai les supplices et même la mort.

» Jamais je ne douterai en matière de foi, ni ne m'exposerai au danger de la perdre. J'éviterai autant que je pourrai l'entretien des hérétiques et ne disputerai point avec eux, avant que je ne sois plus fort qu'eux, et comme sûr de les confondre. Je ne lirai leurs livres que par nécessité, et qu'avec permission des supérieurs[1] ; et je ne les lirai qu'à genoux, priant Dieu qu'il me conserve dans toute la pureté de ma foi.

» Je glorifierai aussi, avec le secours du ciel, la toute-puissance, la libéralité, la bonté et

[1] Que cette prudence est peu imitée de nos jours ! Cependant l'Église défend sous des peines graves de lire, vendre, prêter et garder les mauvais livres et journaux. On ne devrait jamais se permettre de lire un livre ou journal du bon esprit duquel on n'est pas sûr, sans consulter son pasteur ou à son défaut une personne pieuse et éclairée. Dans le doute, il faut s'abstenir, de même qu'on n'oserait avaler un breuvage qu'on soupçonnerait contenir du poison.

l'amour de Dieu par une espérance animée, par une confiance entière, et par une ardente charité.

» Je mettrai toute mon espérance et toute ma confiance en Dieu seul, non en ma prudence, en mon esprit, en ma vigilance, en ma vertu, ni en quelque personne que ce soit; si ce n'est que je regarde tout cela comme des instruments que Dieu emploie pour sa gloire. Ma confiance sera également ferme dans la prospérité et dans l'adversité. Quand même il semblerait que tout soit perdu, que Dieu ne veuille pas m'entendre, que tout s'oppose à mes desseins, rien ne pourra diminuer ma confiance, pas même le péché; car la bonté de Dieu est plus grande que ma malice et sa miséricorde surpasse ma misère.

» Avec cette confiance j'entreprendrai de grandes choses, de grandes conversions, ma plus grande perfection; je sais par expérience qu'en un instant Dieu peut opérer de grands changements. Je me jetterai donc entre ses bras, afin que par lui-même et par ceux qui tiennent sa place, il fasse de moi tout ce qu'il lui plaira.

» Soutenu de la miséricorde de Dieu, je n'aimerai ni ne haïrai, je ne choisirai ni ne rebuterai, je n'estimerai ni ne mépriserai, je ne me réjouirai ni ne m'attristerai, je ne travaillerai ni ne me reposerai que par rapport au plus grand contentement de Dieu et à son plus grand amour. J'aimerai ce que Dieu aime, je haïrai ce qu'il hait, je choisirai ce qu'il a choisi, je désirerai ce qu'il désire, j'estimerai ce qu'il estime, je mépriserai ce qu'il méprise, je me réjouirai de ce qui lui donne de la joie, je m'attristerai de ce qui lui cause de la tristesse, je travaillerai comme il travaille pour sa gloire, et je ne me reposerai qu'en lui seul.

» Je ferai généralement tout ce que je pourrai afin que Dieu soit content de moi et de tout le monde. J'exercerai pour cela avec le plus d'exactitude et de zèle qu'il me sera possible toutes les fonctions de notre Compagnie, telles que sont enseigner, catéchiser, prêcher, confesser, converser, visiter les hôpitaux, les prisonniers, les malades, assister les moribonds, consoler les affligés, soulager la misère des pauvres ; et je tiendrai dans tous ces emplois la conduite que je jugerai la plus propre à gagner des âmes à Dieu et à lui plaire.

» Comme par une faveur spéciale je n'aime en ce monde aucun bien que le bon plaisir de Dieu, je n'aurai aversion d'aucun mal que de l'offense de Dieu. Non, je ne reconnaîtrai, je ne haïrai, je n'appréhendrai, je n'éviterai point d'autre mal que le péché. Plutôt mourir mille fois que de commettre une faute qui me prive de l'amitié de Dieu. Plutôt endurer à jamais toutes les peines du purgatoire que de pécher légèrement contre la plus petite de nos règles, que de quitter une chose que je croirai être de la plus grande gloire de Dieu, ou que d'embrasser ce qui pourrait retarder d'un moment sa plus grandesatisfaction.

» Autant qu'il me sera possible, je n'aurai qu'un regret et un déplaisir dans la vie, c'est d'avoir tant offensé Dieu et de voir que les autres l'aient tant offensé et l'offensent encore tous les jours en tant de manières.

» Ah! que je l'aime, ce Dieu infiniment bon, et que j'ai de passion de m'en faire aimer! Je tâcherai, avec le secours de sa grâce, de me rendre semblable à lui et à son très-cher Fils, afin que j'en sois plus agréable à leurs yeux.

» Le plus ardent de tous mes désirs sera de jouir de Dieu et de le posséder dans le ciel. La vie me sera à charge, et je soupirerai sans cesse après la mort, afin de voir mon Dieu face à face et de m'unir inséparablement, intimement et parfaitement à lui.

» La plus grande de mes appréhensions sera d'être séparé de Dieu. Pour prévenir ce malheur, je me tiendrai toujours fort près de lui... Quelle distance, Seigneur, il y a entre Vous et moi, et quel prodigieux espace se trouve entre Vous et les créatures! Je me regarderai comme un grain de sable, et je regarderai toutes les créatures comme un amas de poussière devant la grandeur infinie de mon Dieu ; j'aurai honte de me trouver en sa divine présence.

» Quand je m'entretiendrai avec lui, je lui donnerai des noms pleins de respect, me souvenant que je parle au Maître du monde, à Celui qui a fait les rois et qui peut les détruire, à Celui qui existe par lui-même, et devant qui tout ce qu'il y a de créé est comme s'il n'était pas. Je lui rendrai le culte de latrie, j'adorerai sa Majesté suprême, et je lui témoignerai, même par des actes extérieurs de respect, le sentiment que j'ai de la prééminence de son Être.

» Je lui offrirai le désir que j'ai de lui bâtir des temples, de lui dresser des autels pour le faire honorer partout et de tout le monde. Je l'irai visiter dans le très-saint Sacrement ; là je me prosternerai devant sa Majesté anéantie. Je l'honorerai en fléchissant les genoux, en baisant la terre, accompagnant cela d'un grand respect intérieur. Je l'adorerai sur la croix, je vénèrerai la croix même, et j'en porterai toujours une sur mon cœur. Je la saluerai souvent avec confiance, et ce sera là une de mes pratiques les plus ordinaires, et ma dévotion particulière.

» Je tâcherai de me remplir tellement de Dieu, que tous mes premiers mouvements soient pour lui. Chaque jour, ma première pensée sera celle de Dieu; mon premier soupir sera pour lui; mon premier désir sera de faire sa volonté; mon premier dessein sera de travailler à sa gloire; mon premier soin sera de lui plaire; mon premier regret sera de l'avoir offensé: ma première crainte sera de lui déplaire; mes premiers pas seront vers lui et pour lui. Les premières paroles que je dirai seront: *Jésus, Marie, Joseph;* et je les prononcerai tout haut, ces paroles, afin qu'elles soient aussi les premières que j'entendrai. La première grâce que je demanderai à Dieu, ce sera de l'aimer; mais la prière que je lui ferai le plus souvent que je pourrai, ce sera qu'il tire de moi et du prochain à chaque moment toute la gloire qu'il pourra. »

II. — **Résolutions relatives à la charité envers le prochain.**

« Avec les lumières et les forces que je reçois d'en haut, je regarderai les hommes comme les enfants de Dieu, comme ses amis et ses images, et comme le prix du sang de Notre-Seigneur Jésus-Christ. Ainsi sous ces titres je les aimerai tous, mais j'aimerai particulièrement ceux pour qui je sentirai moins de penchant, tels que sont les pauvres les plus dégoûtants, les personnes viles et méprisables par elles-mêmes et par leurs emplois, les étrangers, les sauvages, les gens de mauvaise humeur, les méchants cœurs, les ingrats, ceux qui me feront du mal ou qui voudraient m'en faire, et j'espère que je ne pécherai jamais contre cette règle de la parfaite charité.

» Les vues basses et intéressées ou purement naturelles ne seront pas le motif de ma charité. Je n'aimerai point le prochain parce qu'il m'a fait du bien, parce qu'il est de mon pays, de ma connaissance, de mes parents; parce qu'il me protège, qu'il m'honore, qu'il m'aime; parce qu'il est bien fait, qu'il a de la politesse, de la naissance, des richesses, du crédit, de la science, de l'honnêteté, de la complaisance, de l'esprit, de l'enjoûment et d'autres semblables qualités qu'on aime dans le monde. Mais mon affection pour le prochain sera toujours fondée sur Dieu, et se rapportera à sa plus grande gloire.

» Suivant les sentiments que Dieu m'inspire,

je n'aurai jamais d'aversion pour personne, pas même pour ceux qui voudraient m'ôter l'honneur ou la vie; et s'il se trouve quelqu'un animé de ce dessein-là, je lui pardonnerai de bon cœur. Bien loin de l'éviter, de parler mal de lui, de diminuer sa gloire, de traverser ses entreprises, de lui souhaiter quelque perte, de me réjouir de ses disgrâces et de lui faire le moindre chagrin ; je le rechercherai, au contraire, je lui ferai bon visage, je tâcherai de lui rendre service, je prierai Dieu pour lui, et je lui procurerai tout le bien que je pourrai.

» Je souffrirai avec patience toutes les injures qu'on me dira et tout le tort qu'on me fera. Je ne me vengerai point de ceux dont je recevrai de pareils traitements, mais je les regarderai comme des anges venus du ciel pour exercer, animer et épurer ma charité. Je prierai Dieu qu'il les comble de ses grâces, et je les aimerai jusqu'à vouloir mourir pour eux.

» De peur de condamner le prochain, je ne jugerai point ses actions, encore moins ses intentions. Jamais je n'accuserai personne, à moins que cela ne soit absolument nécessaire, et que je ne sois bien certain de la faute. Hors de là j'excuserai tout. Je ne formerai point de soupçons sur des apparences trompeuses; je ne serai pas curieux de savoir les fautes d'autrui ; je n'en parlerai jamais, quand même elles seraient publiques.

» Pour ne pas me préférer aux autres, je ne me comparerai à aucun ; je suis le dernier de tous. Mes frères sont tous enfants de Dieu, je n'en mépriserai aucun. Quand je verrais le plus grand pécheur du monde, je ne le mépriserais point ; il serait toujours l'image de Dieu ; et tel est à présent un grand pécheur, qui sera peut-être bientôt un grand saint.

» J'éviterai toute raillerie, toute parole piquante, dure, brusque, toute manière chagrine, méprisante, toute contestation, toute impatience, toute promptitude, toute colère, toute bizarrerie, toute froideur, toute vengeance, et généralement tout ce qui peut faire de la peine aux autres. Je les préviendrai au contraire par toute sorte d'honnêteté, de complaisance, de déférence à leurs sentiments, à leurs volontés, par des louanges sincères lorsqu'ils les mériteront ; par des caresses même, toutefois avec bienséance, sans les toucher, sans les embrasser, si non lorsque je les quitterai pour quelque grand voyage, ou que je les reverrai après une longue absence.

» J'étudierai les inclinations de mes frères,

et les endroits par où l'on peut leur faire plaisir. Je les obligerai en toutes manières et en toutes rencontres. Je leur procurerai toutes leurs commodités selon mon pouvoir ; je mettrai tout en œuvre pour les gagner, afin de les porter ensuite plus aisément et plus efficacement à Dieu.

» La complaisance que j'aurai pour mes frères ira jusqu'à souffrir tranquillement leurs faiblesses et même leurs fautes, lorsque je ne pourrai pas y remédier ; mais elle n'ira pas jusqu'à les en louer. Au contraire je les en reprendrai, si je juge qu'ils soient disposés à profiter de la correction. Mais j'userai en cela de tant de douceur et de circonspection, qu'ils seront convaincus que je les aime et que la charité seule me fait parler.

» Quoi qu'on puisse me dire ou me faire, je tâcherai de ne m'offenser jamais de rien. Si malgré moi il m'était échappé quelque chose qui eût déplu à quelqu'un, je ne différerai pas un moment à lui en faire satisfaction et à réparer ma faute.

» Je ne serai pas marri qu'on aime les autres plus que moi ; je suis le plus imparfait de tous. Mais dans l'exercice de la charité chrétienne et religieuse, je me donnerai de garde de faire plus de bien et de donner plus de louanges aux uns qu'aux autres. Ainsi, pour ne pas faire de jalousie, je garderai envers tous une parfaite égalité.

» Je ne blâmerai point ceux qui lient entre eux une amitié particulière ; mais je ne ferai point de liaison ni avec ceux de mon pays ni avec aucun autre au préjudice de la charité. Toutes mes liaisons seront édifiantes et selon Dieu, pour sa plus grande gloire, pour l'utilité de ceux avec lesquels je me lierai et pour mon avancement particulier. Elles seront propres à me recueillir, non à me dissiper ; nous ne parlerons que de Dieu ; nos entretiens ne seront ni plus longs ni plus fréquents qu'il ne faut.

» Je contribuerai tout ce que je pourrai à la perfection de mes amis ; je la demanderai à Dieu avec confiance, et pour l'obtenir je lui offrirai plusieurs actions vertueuses et surtout plusieurs mortifications. J'exhorterai souvent mes amis à faire des actes de douleur de leurs péchés, d'amour de Dieu, de zèle pour sa gloire et de toutes les vertus conformes à leur état. C'est par là que je cultiverai leur amitié, et non par des lettres inutiles, ni par de vaines politesses, ni par d'autres semblables moyens que je n'emploierai jamais.

» Quelque attachement que j'aie pour mes meilleurs amis, qui seront les plus saints, si Dieu me soutient toujours, jamais l'amitié ne me fera rien perdre de ma tranquillité. Je ne me réjouirai point de leur présence ni ne m'attristerai point de leur absence, sans quelque raison prise du côté de Dieu ; et s'ils sont absents pour longtemps, je ne penserai point à eux avec inquiétude.

» L'amitié que j'aurai pour quelques-uns ne m'empêchera pas de rendre aux autres tous les devoirs de la charité. J'aimerai tous mes frères, je me réjouirai de leurs talents et de leurs succès, je leur en témoignerai ma joie. Lorque je pourrai les servir, je n'attendrai point qu'ils m'en prient ; je préviendrai même leurs désirs, et je les servirai sans espérance de retour; mais cela gaiement, avec des manières insinuantes, capables de faire impression sur leur cœur. Je les préférerai tous à moi-même, et je leur donnerai des marques de cette préférence, leur cédant toujours ce qu'il y aura de plus commode et de plus honorable, ne les contredisant jamais, appuyant tous leurs sentiments raisonnables, les abordant toujours civilement, me levant lorsqu'ils approcheront de moi, les saluant avec respect et les traitant tous avec beaucoup d'égards, particulièrement les vieillards qui auront blanchi dans le service de Dieu. J'aurai de la vénération pour eux, je les écouterai volontiers et je parlerai fort peu devant eux.

» J'espère que Dieu me fera la grâce de ne pas borner ma charité aux seuls sujets de la Compagnie. Selon les forces qu'il me communiquera, je l'étendrai à tous ceux que Notre-Seigneur a rachetés de son sang ; il a racheté tous les hommes. A l'exemple de l'Apôtre, j'embrasserai toutes les nations, le Juif et le Grec, le Romain et le Scythe, le Chrétien et le Gentil. J'assisterai particulièrement ceux qui manquent le plus de secours, comme les sauvages du Canada, les paysans qui habitent les lieux les plus reculés et de plus difficile accès.

» Si Dieu me fait la grâce d'être prêtre, je m'emploierai de tout mon cœur au salut des pauvres et du simple peuple. Les hôpitaux et les prisons seront les lieux où je travaillerai le plus volontiers. Je prendrai plaisir à servir les pauvres, à les nourrir, à les vêtir, à les instruire, à les consoler, à les confesser, à leur inspirer la soumission à la volonté de Dieu, à leur apprendre comment ils peuvent ménager pour le ciel toutes les tribulations de la terre.

» Je m'emploierai encore avec joie à visiter

les malades, à assister les moribonds, à ensevelir les morts, à les porter en terre. Ce que je trouve d'avantageux en tout cela, c'est qu'il y entre peu d'amour-propre, et beaucoup de charité.

» L'affection que j'ai pour le prochain ira au delà du tombeau ; je prierai pour les âmes du Purgatoire ; je leur procurerai tout le soulagement que je pourai ; ce sera encore là une de mes dévotions particulières. Comme je ne souhaite rien autre chose que le bon plaisir de Dieu, j'aurai par là ce que je souhaite ; car c'est faire plaisir à Dieu que de secourir des âmes qu'il aime.

» Puisque Dieu veut sauver tous les hommes, je ferai tous mes efforts pour empêcher que pas un ne se perde, au moins par ma faute ; j'aurai un soin particulier de ceux qu'on m'a confiés. Il n'y a point de veilles, point de travaux, point de dangers, point de mauvais traitements auxquels je ne m'expose pour sauver les âmes. Heureux si je peux employer à cela tous les moments de ma vie, et si je répandais pour une si bonne cause jusqu'à la dernière goutte de mon sang.

» J'honorerai particulièrement entre tous les hommes ceux qui contribuent davantage au salut des âmes, et que Dieu a élevés au-dessus de nous, tels que sont le Vicaire de Jésus-Christ, les Évêques et les Pasteurs de l'Église, les Souverains, les Magistrats, en qui réside la puissance de Dieu. Je leur rendrai toute sorte de respects pour me les rendre favorables dans les desseins que Dieu m'inspirera. Des personnes de ce caractère et de ce rang méritent que je les révère comme les plus vives et les plus parfaites images de la divinité.

» Dans la retraite où je suis, je ne peux guère exercer la charité que par mes désirs et par mes prières, si ce n'est toutefois à l'égard de ceux avec qui j'ai le bonheur de vivre. Aussi désiré-je sans cesse la conversion de la Chine, du Japon, de la Tartarie, de l'Ethiopie, du Canada, de tous les infidèles, des schismatiques, des hérétiques et des mauvais catholiques. Je désirerai aussi la perfection des justes, et j'offrirai chaque jour à Dieu pour cela des prières réglées.

» Comme il y a plusieurs personnes pour qui je suis obligé particulièrement de prier Dieu, soit à cause du rang qu'elles tiennent dans l'Église ou dans l'État et des charges qu'elles exercent, soit à cause des obligations que je leur ai, soit à cause de la proximité du sang et des devoirs que la nature m'impose, soit à cause du lieu de ma naissance, de ma demeure, soit à cause des dangers pressants où se trouve le prochain, j'observerai l'ordre qui suit dans les prières que je ferai chaque jour pour les autres :

» 1° Je prierai pour N. S.-P. le Pape, pour les Cardinaux, pour les Archevêques, pour les Évêques, pour toute l'Église, pour tous les Ordres religieux, pour leurs Supérieurs, particulièrement pour notre Compagnie, pour N. R. P. Général, et pour ceux qui nous gouvernent de sa part.

» 2° Je prierai pour tous les princes chrétiens, nommément pour la personne sacrée du Roi, pour tous les Princes et les Princesses de son sang, pour son Conseil, pour toutes les Cours Souveraines, pour tout le royaume, pour la province où Dieu m'a fait naître, pour celle où je suis, pour la ville et pour la maison où je demeure.

» 3° Je prierai pour mes parents que j'aime en Notre-Seigneur comme je dois, pour mes maîtres à qui je suis sensiblement obligé, pour les bienfaiteurs de notre Compagnie et pour ses ennemis.

» 4° Pour ceux qui doivent être présentés ce jour-là au tribunal du Souverain Juge, pour ceux qui sont à l'agonie, pour ceux qui sont tentés, pour ceux qui sont en péché mortel, et pour ceux qui sont en danger d'y tomber ; pour ceux qui ont perdu leurs biens, leurs proches, leurs amis ; pour ceux qui veulent renoncer au monde et se retirer dans le cloître, pour les Religieux mécontents, pour les apostats, et pour ceux qui se seront recommandés à mes prières. »

XXII

APPENDICE

Liste des lieux où le P. Maunoir a fait des missions.

1640 et 1641. — Douarnenez. Pontcroix. Pouldergat. Gourlizonet. N.-D. du Juch. Ile d'Ouessant. Ile de Molênes. Ile de Sein.

1642. — Ile de Bréhat. Lanevé. Kerity. Perros-Quirec. Paimpol. Ile d'Ouessant. Ile de Molênes.

1643. — Quimper. Audierne. Cleden. Plogoff. Penmarch. Ploan. Rostrenen.

1644. — Quimper. Douarnenez. Daoulas. Plouhinec. Plougastel-Daoulas. Dirinon. Irvillac.

1645. — Roscanvel. Hanvec. St-Thomas-de-Landerneau. Logonna. Berrien. Scrignac. Benodet. St-Rioual.

1646. — Douarnenez. Plouaré. Pouldergat. Poullan. Langonnet. St-Mayeuc. Mur. Cleguerec. Lignol. Landeleau. St-Martin. St-Thelo. St-Thurien. Locamand.

1647. — Callac. Carnot. Plourach. Plusquellec. Neulliac. St-Caradec. Kergrist. Le Quillio. Merléac. Calanel.

1648. — Corlay. Haut-Corlay. Plussulien. Bodéo. St-Martin. Merléac. St-Caradec. St-Guën. Cléden-Cap-Sizun. Plogoff. Goulien. Fouësnant. St-Georges de Reintembaud. Mellé. Montault.

1649. — St-Pol-de-Léon. Roscoff. Landerneau. St-Houardon. St-Renan. Plounevez-Quintin. Bothoa. Ste-Tréphine. Laniscat. St-Gildas. Trémergat.

1650. — Mur. St-Guën. St-Mayeuc. St-Gilles-Pligeau. Vieux-Bourg-Quintin. St-Gonery. Querper. St-Corentin. Plourin.

1651. — Ergué-Gabéric. Locamand. Treméauc. Mur. Ste-Suzanne. Notre-Dame-de-Tromenon. St-Jean-de-Treboul. Merléac. Le Quillio.

1652. — Pontcroix. Beuzec-Cap-Sizun. Meylar.

Poullan. Douarnenez. Plouaré. Le Quillio. St-Elouan. Cléden-Poher. St-Nicaise. Ile de Sein.

1653. — Rostrenen. Kergrist. Glomel. Nizon. Ste-Paule. St-Tremeur. Cléder. Guelven.

1654. — Cuzon. Crozon. St-Martin. Ergué-Armel. Plonéis. Merléac. Tréogan. St-Michel. Le Quillio. Tregomar.

1655. — Plougastel. Pouldreuzic. Plouan. Lababan. Châteauneuf. Laz. Cléden-Cap-Sizun. Plogoff. Leuhan. Corai. Douarnenez.

1656. — Douarnenez. Poullan, St-Philibert. Peumerit. Tréogat. Plounéour. Plovan. Plomelin. Plouguin. Tréguier. Plouha. Ile de Sein. Bodivi. Plomodiern. Le Conquet. Lochrist. Plougonvelin. Trébabu.

1657. — Douarnenez. Louanec. Kermaria. Tréguier. Trelevern. Cosguéaudet. Bourbriac. Boqueho. Plouguen. St-Bihi. Kerlagatu. Notre-Dame-du-Juch.

1658. — Plouha. Pléhédel. Pléguien. Notre-Dame-de-Guéaudet. Plouaré. Kernevel. Guengat. Pouldergat. Treméauc. Kerlaz. Notre-Dame-du-Juch. Ile de Sein. Notre-Dame-de-Quillinen.

1659. — Perguet. Plestin. Trémel. Locronan. Plogonnec. Plounevez-Porzay. St-Caradec. Neulliac. Kergrist. Clohars. Plogoff. Cléden-Cap-Sizun. Le Monstoir.

1660. — Douarnenez. Daoulas. Plougastel. Moëlan. Le Faou. Rosnoën. Loperhet. Dirinon. Mur. St-Guën. St-Connec. Haut-Corlay. Le Quillio. Vieux-Marché.

1661, 1662, 1663. — Pouldergat. Poullan. Plouaré. Croixanvec. St-Gonery. Rennes (à la prison et à l'hôpital). La Chapelle-Janson. La Guerche. Bodéo. Labarmoye. Plévin. Motref. Douarnenez. Balannec. Le Trévou. Trebrivan. Fougères. St-Georges-de-Reintembaud. Kernevel. Carnot. Plusquellec. St-Thurien. Bonvel. Elliant. Ile de Batz.

1664. — Tremenech. Pestivien. St-Martin. Bothoa. Ste-Tréphine. St-Nicolas-du-Pelem. St-Michel-de-Douarnenez. Ploërdut. Caudan. Pluméliau. Plumergat. Teven.

1665. — Quimperlé. Tonquédec. Pleyben. Querrien. Douarnenez. Plozévet. Guiscriff. La Feuillée. La Boussac.

1666. — Le Faouet. Douarnenez. Scaër. Crozon. Langonnet. Plozévet. Plomeur.

1667. — Gourin. Roudouallec. Plouaré. Douarnenez. Kernevel. Melgven. Poullaouen. Concarneau. Plourin.

1668. — Guiscriff. Mur. St-Mayeuc. St-Guën. St-Connec. Neulliac. Brest. Tremenech. Plouguerneau. Kersaint. Landivisiau. Nevez.

1669. — Audierne. Primelen. St-Michel-de-Douarnenez. Riec. Merléac. Corai. Esquibien. Lesneven. Perros.

1670. — Tregunc. Lauriec. Beuzec. St-Michel-de-Douarnenez. Plourin. Ploumoguer. Moëlan. Langolen.

1671. — Lannion. Crozon. Camaret. Roscanvel. Le Quillio. St-Martin.

1672. — Quimper. Pontcroix. Landudec. Beuzec. Mahalon. Tourch. Pedernec. Trevé.

1673. — Guingamp. Glomel. Elliant. Plémy. St-Pol-de-Léon. Ile de Bréhat.

1674. — Morlaix (paroisse de St-Mathieu). Landevenec. Telgruc. Carhaix. Pleumeur-Bodou. Plouaret. Loquénolé.

1675. — Landerneau. Châteaulin. Douarnenez. Plouguernevel (missions militaires). Pontivi. Plozévet.

1676. — Penmarch. Beuzec. Plemeur. Treffiagat. Tréogat. Comana. Pleyben. Auray. St-Renan. Caudan. Riec.

1677. — Kerlagatu. Plouhinec. Brest. Plomodiern. Quimper. Locamand. Tréguier. St-Brieuc.

1678. — Locminé. Moncontour. Lamballe. Lesneven. Pontrieux. St-Servais.

1679. — Quemperven. Pouldergat. Maël-Pestivien. Plestin. Ploujan. Ile de Bréhat. Pontivi. Locronan. Huelgoat. Cléden-Poher. Corai.

1680, 1681, 1682, 1683. — Plouvenez-Quintin. Lochrist. Rohan. Plouguen. Moëlan. Poncmelvez. Plouaré. Abbaye de St-Sulpice. Noyal. St-Georges-de-Gréhaigne. Crozon. Yvias. Paimpol. Bourbriac. Plonevezel. Scrignac.

TABLE

ERRATA

Page 1, ligne 2, et p. 5, l. 6, lisez: Reintembaut, au lieu de Raintambaut.

P. 6, l. 14, au lieu de: T.-S. V., lisez : très-sainte Vierge.

P. 26, l. 14, au lieu de : à catéchiser les Bretons, lisez : à les catéchiser.

P. 42, l. 19, l'avait prédit, au lieu de : l'avait prédite.

P. 53, l. 10, au lieu de : missionnaires, lisez : missionnaires absents.

P. 130, l. 5, lisez : les railleries, au lieu de : leurs railleries.

Nantes, imp. Vincent Forest et Emile Grimaud.

www.ingramcontent.com/pod-product-compliance
Ingram Content Group UK Ltd.
Pitfield, Milton Keynes, MK11 3LW, UK
UKHW012215240726
13966UKWH00003B/779